마지막 그림자가 사라지기 전에

마지막 그림자가 사라지기 전에

THE HEART TREASURE OF THE ENLIGHTENED ONES

by Dilgo Khyentse Rinpoche

ⓒ1992 by H .H. Dilgo Khyentse Rinpoche

Korean Translation copyright ⓒ Minjoksa, 2015

빼뚤 린포체의 수행으로 빚은 마음 보석

마지막 그림자가 사라지기 전에

빼뚤 린포체 · 딜고 켄체 린포체 지음
고수연 엮음

민족사

만약 당신의 이름이 감로의 한 방울이 되어
내 귀에 떨어졌다면
셀 수 없는 세월 동안 법음으로 채워질 것이니

거룩한 삼보三寶, 그 명성은 빛이 되어
어디에나 온전한 행복을 가져다 주리.

평생 동안 옆에 두고 보고
또 봐야 할 수행 안내서

이 책은 제가 개인적으로 가장 좋아하고 아끼는 책입니다. 한국어로 출간하게 되었다는 소식을 듣고 매우 행복했습니다.
이 책의 원문은 19세기 티베트의 위대한 스승 빼뚤 린포체 님의 게송입니다. 빼뚤 린포체는 우리나라의 성철 큰스님처럼 청정하며 치열한 수행자였습니다. 보시를 받으면 바로 그 자리에 두고 가고 어떠한 소유물도 없었으며, 항상 찢어지고 낡은 승복을 입고 여기저기 구름처럼 떠돌며 수행하는 운수납자雲水衲子셨습니다. 이 분의 글들은 매우 솔직하고 직접적이며 정신을 바짝 차리게 만듭니다.

그리고 원문에 주석을 다신 딜고 켄체 린포체는 법(다르마)을 해석하는 거장巨匠으로 빼뚤 린포체의 원문을 아름답고 간결하게 해석해 주셨습니다. 이 두 스승은 19, 20세기 지난 2백 년 동안 티베트 불교에서 각각 첫손에 꼽는 가장 위대한 스승들이십니다.

이 책의 첫 부분은 수레바퀴 돌 듯 반복하는 윤회의 고통에 대해 출리심을 일으키는 윤회계의 허물에 관한 글입니다. 이 책을 읽기만 해도 세상을 바로 볼 수 있는 견해를 갖추게 되고 윤회에서 벗어나고 싶은 수행 정신이 깃들게 합니다.

그리고 현교와 밀교의 핵심적인 요소들을 관세음보살 수행을 바탕으로 무척 단순하고 명료하게 정리되어 있습니다. 끝 부분에는 밀라레빠께서 말씀하신 '감미로운 슬픔'을 갖게 하고, 정신을 곧추세우게 하는 윤회의 허물에 대해 다시 설명합니다. 이 책은 평생 옆에 두고 보는 수행의 안내서로서 보고 또 볼 만한 가치가 있는 책입니다. 현대 말로 하자면, 이 책을 '강추'합니다.

이 책을 번역한 까르마 닝제(수연) 님께 매우 감사하고 함께 기뻐합니다. 수연 님은 단순히 내용만 번역한 것이 아니라 티베트 불교에 귀의하여 관세음보살 수행을 하고 있습니다. 수연 님의 번역을 읽으면서 역시 내용을 참으로 잘 전달했다는 생각이 들어 찬탄의 박수를 올렸습니다.

세첸(Shechen) 사원의 주지이며 몇 년 전 한국을 방문하셨던 '세첸 랍잠 린포체'께서 이 책이 한국어로 번역된 것을 매우 기뻐하셨습니다. 이 책이 한국의 수행자들에게 평생 도움이 되는 도반이 되리라 생각합니다.

2015년 봄날

세첸 코리아 대표 용수 합장

차례

가르침을 받고 공부하기 위한
올바른 마음의 동기

인간에서부터 가장 작은 벌레에 이르기까지, 생명이 있는 존재들은 누구라도 고통을 싫어하고 행복을 원합니다. 그러나 그들이 찾고 있는 행복이 선한 행동에서 기인한다는 것을 이해하는 이는 없어 보입니다. 고통에서 벗어나기 위해 노력하지만, 고통은 부정적인 행동에서 온다는 것을 보는 이가 없다는 것입니다. 그래서 부지불식간에 행복으로부터 등을 돌려 고통속으로 뛰어듭니다.

부정적인 행위를 멈추지 않은 채 행복을 기대하는 것은 불덩이를 손에 들고 화상을 입지 않기를 바라는 것입니다. 누구도 고통받고, 아프고, 춥고 배고프기를 원하지 않지만, 계속해서 악업을 짓는다면 고통에 종지부를 찍지 못합니다. 이렇듯, 긍정적인 행위·말·생각 없이 행복을 성취할 수 없습니다. 긍정적인 행위를 하기 위해선 노력이 필요합니다. 그것을 사거나 훔칠 수 없고 우연히 갖게 될 수도 없습니다.

우리가 무엇을 하든 우리는 삼문三門 즉, 몸·말·마음을 사용합니다. 이 삼문 중 몸과 말만으로는 행동을 시작할 수 없습니다. 우리의 말과 행동을 결정하는 것은 마음입니다. 고삐가 풀린 마음은 이리저리 움직이다 더욱 부정적인 행동을 유발하고 이로 인하여 삼사라[1]를 방황하게 됩니다.

무시이래로 윤회를 하며 분명 우리에게 부모가 계셨겠지요. 수많은 생을 오가며 한 번 혹은 그 이상 일체 중생[2]은 분명 어머니나 아버지였을 것입니다. 부모였을 모든 존재들이 그 긴 세월 동안 삼사라를 아무런 대책없이 맹인처럼 길을 잃고 방황한다는 생각이 들면, 그들에게 연민심이 일어나는 것은 당연합니다. 그러나 연민심 자체만으로는 충분하지 않고 그들에게는 실제적인 도움이 필요합니다.

하지만 여전히 우리의 마음이 탐욕에 물들어 있고, 그들에게 음식이나 옷 혹은 돈을 주는 것은 일시적인 도움을 줄 뿐입니다. 우리는 그들에게 고통에서 완전히 벗어나 깨달음으로 가는 길을 안내해야 합니다. 이는 다르마[3]의 가르침으로 그들을 이끌어 수행을 하도록 하는 것입니다.

그러므로 이 귀중한 가르침을 받기 전에 우선 올바른 동기를 지녀야 합니다. 이는 당신을 구제하기 위하여 공부하고 수행하는 것이 아닌, 윤회에서 방황하는 일체중생들을 완벽한 깨달음으로 끌어주는 것을 의미합니다. 이 광대하고 고귀한 마음을 보리심이라고 합니다.

보리심은 '깨달음을 얻고자 하는 마음'입니다. 보리심에는 두 가지 측면이 있는데, 모든 존재들에게 직접 향하는 것과 지혜에 초점을 모은 것입니다.

보리심의 첫 번째 측면은 친구와 적을 구분하지 않고 모든 중생들에게 평등하게 자비심을 갖는 것입니다. 이 자비심을 지속하며 선한 행동을 합니다. 버터 램프를 공양 올리고 진언을 염송하며 모든 존재들이 평안하기를 기원합니다.

그러나 그저 중생들에게 자비심을 갖는 것만으로는 부족하지요. 이런 말이 전해집니다. 팔을 쓸 수 없는 어머니의 자녀가 물에 빠졌을 때 어떤 것도 할 수 없이 지켜봐야만 한다고요. 분명 그녀는 자신의 아이를 구하고 싶지만 불가능한 일입니다.

우리는 존재들을 고통에서 구하기 위해 무엇이든 해야 하고 그들을 깨달음으로 이끌어 주어야 합니다. 우리는 붓다께서 출현하심과 그분의 가르침이 남아 있는 땅에 태어난 것, 영적 스승을 만나 그의 가르침을 받은 것이 얼마나 큰 축복인지를 이해해야 합니다. 소중한 인간의 몸으로 깨달음을 향하여 전진하는 것은 순전히 우리의 몫입니다.

이런 말이 있습니다.

"인간의 삶이 깨달음에 이를 수 있다, 인간의 삶이 지옥으로 이끌 수도 있다."

우리 마음의 동기에 따라, 또 어떤 방향으로 가느냐에 따라 불성을 증득한 위대한 현자가 될 수도 있고 악마처럼 살다가 지옥으로 갈 수도 있습니다. 불교의 가르침은 이 두 가지 중 가야 할 방향과 가지 말아야 할 방향을 분명하게 보여 줍니다.

　현재의 우리는 남에게 도움을 주기에는 많이 미약합니다. 그러나 무엇을 하든 그들이 고통에서 벗어나기를 원하는 동기를 지니고 있다면, 그 염원이 언젠가는 이루어집니다. 동기는, 운하運河가 원하는 위치에 물을 제공하는 것처럼, 우리를 움직이게 하는 힘입니다. 모든 것은 우리 마음의 동기에 달려 있습니다. 부유하고 오래 살기를 원한다면 최선을 다하여 그것을 얻기에 힘쓰겠지요. 그러나 모든 존재들이 윤회에서 자유롭기를 원한다면 결국 그 가장 고귀한 염원이 이루어질 것입니다. 이렇듯 우리의 염원이 낮은 목표를 향하지 않도록 하는 것은 무척 중요한 일입니다.

　옛날에 어머니와 어린아이가 작은 배를 타고 불어난 강을 건너가고 있었습니다. 중간쯤 가자 물결은 거세지고 배는 뒤집혔습니다. 곧 재앙이 다가올 것을 감지하고 어머니는 이렇게 생각했습니다. '아이가 무사하기를!' 아이도 동시에 어머니가 무사하기를 기원하였습니다. 배는 강 밑으로 가라앉고 그들은 익사하였습니다. 그러나 이 아름다운 염원으로 인하여 바로 정토[4]에 태어났습니다.

　보리심의 두 번째 측면은, 타인들을 깨달음으로 이끌기 위해 공성을 깨닫는다는 지혜에 중점을 둡니다. 이 두 가지 보리심은 자비라는 방편과 공성이라는 지혜를 의미하며 둘은 결코 분리되어지지 않습니다. 마치 새의 양날개 같아, 자비만으로 깨달음을 얻을 수 없고, 공성을 깨닫는 것으로 깨달음을 증득할 수 없습니다.

상투적인 동기로 공덕을 짓는 행동을 해서 행복해지기도 하겠지만, 그것은 일시적일 뿐입니다. 그러한 행복은 곧 사라지고 우리는 또 윤회계를 방황합니다. 반면 보리심을 지닌 채 말하고 생각한다면 우리의 행복은 증장되고 결코 마르지 않게 됩니다. 고귀한 동기가 없이 선한 행동을 하는 것과는 달리, 보리심이 동기가 되어 행동한 결실은 분노와 부정적인 감정에 파괴되지 않습니다.

마음의 거울을 계속 들여다보라

무엇을 하든 마음이 가장 중요합니다. 그래서 불교의 가르침은 마음을 완벽하게 하는 것에 집중하고 있습니다. 마음은 왕王이며, 몸과 말은 그 하인과 같습니다. 마음은 신심을 품을수도 있고 의심을 가질 수도 있습니다. 사랑과 증오도 마음에서 일어납니다.

그러니 자신의 내면을 들여다 보고 동기를 확인해 보십시오. 당신의 행동이 긍정적인지 부정적인지 결정짓게 되고 알게 될 것입니다. 마음은 투명한 수정과 같아 주변의 색을 비추어 냅니다. 이렇듯 마음의 태도라는 색깔은 어떤 색이든 행위의 진정한 성격입니다. 마음의 본성은 움직이거나 알 수 없는 것이 아닌, 자신과 언제나 함께합니다.

마음은 어떤 걸까요? 빨간 색, 파란 색, 노란색이거나 네모나 동그라미일까요? 새와 원숭이처럼 모양이 있나요? 마음은 단지 수많은 생각들을 기억하고 그것들을 품고 있습니다. 만약 현재 고결한 생각을 품고 있다면 당신은 마음을 길들인 것이고, 만약 부정적이라면 아직 길들이지 못한 것입니다.

마음을 길들이고 긍정적으로 만드는 것에는 인내가 필요합니다. 붓다는 온전히 깨달으신 분이고 첸레직[5](관세음보살의 티베트어)은 자비의 화신입니다. 그러니 '일반인인 나 같은 존재가 다른 이들을 도울 수 없다'라는 생각은 하지 마십시오. 절대 스스로 낙담하지 않기를 바랍니다. 당신의 동기가 자라고 또 자라면 선한 행동을 할 수 있는 능력이 함께 자랍니다. 현재의 당신은 첸레직과 같은 힘이 없지만, 다르마를 수행하여 계발할 수 있습니다. 계속해서 타인의 이익을 위한 염원을 가지면 그 힘은 스스로 증장됩니다. 마치 물이 언덕 아래를 향하여 떨어지듯이.

모든 어려움들은 남을 고려하지 않는 것으로부터 시작됩니다. 당신이 무엇을 하든 마음의 거울을 계속 들여다보며 마음의 동기가 당신만을 위한 것인지 타인을 향해 있는지 점검해야 합니다. 그러다 보면 어떤 환경에서라도 마음을 통제할 수 있게 됩니다. 선지식들의 발자취를 따라가는 것으로 어쩌면 금생에 깨달음을 얻을 수도 있습니다. 선한 마음은 풍요로운 땅에서 빛나는 금과 같아 온 하늘을 금빛으로 물들입니다. 그러나 삼문(몸·말·마음)이 길들여지지 않았다면 깨달음을 얻을 확률은 그만큼 작습니다. 그러니 생각과 말과 행동을 늘 유의하시기 바랍니다. 만약 잘못된 길을 가게 되면 당신의 수행과 공부는 무용지물이 될지도 모릅니다.

삼사라(윤회)는 무명의 영향에 의해 행동하며 고통이 만연한 존재의 조건들이 모인 곳입니다. 열반은 다른 말로는 불성이라고 하는데 모든 고통을 넘어선 상태를 말합니다. 마음이 부정적인 환락을 따라간다면 당연히 삼사라에 귀결됩니다.

이제 우리는 교차로에 있습니다. 붓다께서 출현하셨고 가르침이 남아 있는 곳에 인간으로 태어났고, 영적 스승을 만나 그분의 가르침을 받고 또 그 가르침을 수행할 수 있는 건강한 몸과 마음이 있는 행운을 지닌 우리들입니다.

이제 결심을 할 때입니다. 일체중생을 위하여 깨달음의 길을 가시겠습니까? 아니면 삼사라의 미로에 더욱 깊이 빠져 탈출하기 어려운 길을 가시겠습니까?

이 가르침을 어떻게 공부할 것인가?

다르마의 가르침을 통하여 우리는 모든 존재들을 완벽한 불성으로 이끌 수 있습니다. 이 가르침을 받을 때, 확실한 이해를 위해 습관적인 단점들로부터 자유로워야 합니다. 단점들이란,

세 가지 결점, 여섯 가지 얼룩(오염), 가르침을 지닐 때 다섯 가지 그릇된 길[6]입니다. 만약 이 단점들로부터 자유롭지 못하다면, 이 책을 공부하는 것은 시간낭비일 뿐입니다. 그러니 완벽한 알아차림으로 가르침에 집중하고 육바라밀[7]을 행하십시오.

이 책에 포함된 내용

우리가 공부하게 될 이 책은 처음, 중간, 맺음으로 구성된 담론입니다. 이 책에는 견해, 명상, 행위라는 부제가 달려 있습니다. 원본은 샨티데바[8]의 화현인 '자 빼뚤 린포체(오곈 직메 최끼 왕뽀)'께서 쓰셨습니다. 린포체께서는 흠잡을 데 없는 계율, 무한한 자비심, 깊이 있는 학식 그리고 세간의 일들을 완전히 뒤로한 염리심을 보여 주셨습니다.

붓다의 완성된 기량과 방대한 가르침, 자비의 깊고 심오한 모든 가르침을 삼장三藏[9]에 모았습니다. 이 가르침들은 샤스트라(논서)[10]에 설명되어 있는데, 이는 붓다 자신이 작성한 것이 아닌 후대의 영광스러운 인도의 논사들이나 티베트의 수행 성취자들이 썼습니다. 빼뚤 린포체가 쓴 이 책은 이러한 샤스트라 에 해당합니다.

비록 수행법이 지역별로 다르다 하더라도, 불교가 추구하는 궁극적인 목적은 깨달음입니다. 그들의 다양성과 숫자는 다양한 능력과 수행자의 성향을 반영합니다. 시작, 중간, 끝맺음의 담론은 특히 이해하기 쉽고 수행하기 쉽게 쓰여졌습니다. 그럼에도 불구하고 소승[11]과 대승[12]의 정수가 포함되어 있습니다.

전통적으로, 이 가르침은 세 장으로 이루어져 있습니다. 서론, 본문, 맺는말의 구조입니다. 각각의 장은 특정한 주제를 다루고 있습니다. 첫 번째 장에서는 말법시대[13] 존재들의 퇴락과 극심한 고통을, 두 번째 장에서는 현교승顯敎乘[14]과 진언승眞言乘[15]의 견해·명상·행위를, 세 번째 장에서는 출리심을 다루고 있습니다.

1장에서는 윤회계의 단점들을 숙고하도록 충고하고 있습니다. 이를 통하여 우리는 자기 자신과 타인을 속여 이득을 취하는 등의 자기중심적 양상과 좋고 싫은 것에 붙들려 있는 것과 친구들에게 집착하고 적들을 혐오하는 것들을 인식하도록 안내합니다. 이 모든 것들의 무의미함을 보고 점차 이것들이 피곤해지며 이것들로부터 벗어나고자 하는 강한 결의가 생깁니다. 이 자유롭고자 하는 결심은 모든 수행의 초석이며, 이로 인하여 삼사라가 모두 거짓됨을 인식하고 우리는 수행에 온전히 자신을 바치고자 하는 의욕을 느낍니다.

붓다께서 초전법륜을 굴리실 때, 삼사라에는 고통뿐이라고 하시며 사성제[16]의 가르침을 펼치셨습니다. 모든 살아 있는 존재들은 행복을 추구합니다만, 그들의 무지로 인하여 행복을 가져다 주는 것과는 반대의 행동을 합니다. 오직 다르마만이 행복의 근원임을 이해하지 못하므로, 그들은 자신이 만들어낸 집착과 혐오에 사로잡히게 됩니다. 망상이라는 거미줄에 묶여,

계속해서 이 고통에서 저 고통으로 옮겨다니고 있습니다.

현세를 말법시대 혹은 잔여의 시대라고 부릅니다. 오래 전 황금시대의 공덕과 완벽함의 찌꺼기만이 남겨졌기 때문입니다. 현 시대의 사람들은 붓다에게 등을 돌리고 오직 위대한 몇 명만이 가르침대로 살고 있습니다. 모든 이들이 목말라하며 결사적으로 행복을 찾고 있지만, 이 시대에 만연한 잘못된 견해와 생활 습관은 더욱 고통을 부를 뿐입니다.

악도 중생들의 극심한 고통은 상상조차 하기 힘듭니다. 지옥에서의 존재들은 열과 추위, 상상도 할 수 없는 허기와 목마름으로 고초를 겪습니다. 동물들은 눈먼 어리석음으로 노예처럼 살거나 학대 받거나 공포로 고초를 겪습니다. 비록 우리가 이러한 악도의 상황을 완전히 이해하지 못한다 하더라도 이 생에서 우리의 행위로 인한 동물들의 고통을 생각해 볼 수 있지 않겠습니까?

위대한 까담 스승들은 이런 말씀을 하셨습니다,

"가장 좋은 가르침은 우리의 숨겨진 단점들에 불을 비추는 것이다."

우선 우리는 이 삼사라가 오직 고통뿐임에 감사해야 합니다. 그런 다음 우리의 실수가 무엇인지를 알고, 그 원인을 찾습니다. 고통의 뿌리는 무지입니다, 무지의 뿌리는 '나'가 있다는 굳은 믿음입니다. 존경스러운 찬드라키르티[17]께서 이렇게 말씀하셨습니다.

우선 '나'라는 생각이 있고,

우리는 '자아'에 집착한다.

그런 다음 '내것'이라는 생각이 있고,

우리는 '물질'에 매달린다.

물레방아에 돌아가는 물처럼

우리의 윤회는 어찌할 수 없으니,

나는 모든 중생들을 위해 일어나는 자비에

절을 올린다.

우리는 내 몸·내 마음·내 이름에 집착하며 싫어하는 것을 밀어내고 원하는 것을 손에 넣으려 합니다. 이것이 집착의 기본적인 과정입니다. 자아는 고통의 뿌리입니다.

1장에서는 사람들이 말법 시대에 어떻게 행동하는지에 대해 생각함으로써 윤회에 대한 이해를 명확하게 하고, 그것에 깊은 슬픔을 갖도록 고취하고 있습니다. 이는 우리에게 모든 습관과 만연한 고통에서 벗어나고자 하는 강한 동기가 일어나게 이끕니다. 그러나 강한 동기만으로는 아직 부족하지요. 실제적으로 어떻게 삼사라에서 벗어날 수 있는지 그 방법을 알아야 합니다, 다른 말로는 어떻게 다르마를 수행하는가 입니다.

2장에서는 무엇이 다르마인가를 설명합니다. 삼사라의 모든 망상의 해독제를 실제로 어떻게 수행해야 하는지에 대한 것과 붓다 가르침의 핵심인 대승의 견해·명상·행위를 설명합니다.

이 지침으로 수행해서 과거에 우리의 미혹한 행동들의 결과인 혼탁과 업이 정화되고, 해탈의 공덕들과 우리 안에 내재된 불성이 드러나게 됩니다. 본문에서, 자비의 붓다인 첸레직을 수행할 수 있도록 안내해 줍니다.

우선, 올바른 견해를 세우는 것이 무엇보다도 중요합니다. 올바른 견해를 세운다는 것은 궁극의 진리에 관한 완벽한 확신을 가진다는 것으로 현상계에 모습과 기능을 드러내지만, 본질적으로 실체는 공空하다는 것입니다. 나타나는 모든 현상의 본질이 공함을 아는 견해로서 깨달음의 완벽한 과실이 자라게 하는 씨앗입니다.

그 첫 단계로 견해를 세우는 데 필요한 것은 가르침에 대한 정확한 이해입니다. 그리고 나서 이 견해를 우리 내면의 경험과 조화를 이루어야 하며, 계속해서 이를 수행하고 또 수행해야 합니다. 이것이 바로 명상입니다. 모든 상황에서 언제나 견해의 경험을 항시 유지합니다. 이것이 행위입니다. 견해·명상·행위 이 세 가지 조합의 연속을 통하여 다르마 수행의 과실이 충분히 무르익게 됩니다. 이런 말이 있지요.

"우유를 조심스럽게 저을 때 버터가 만들어진다."

무엇이 수행의 과실입니까? 온유함과 자기 수양은 이해의 징표입니다. 혼돈의 감정에서 벗어난 자유로움이 명상의 징표입니다. 이것들과 모든 깨달음의 영적 자질들은 우리의 존재에 뿌리 내릴 것이며 자연스럽게 우리의 행동으로 표현됩니다.

견해를 세우는 것은 자질과 특정한 도구의 유용성을 인식하는 것과 같습니다. 명상은 이 도구를 사서 어떻게 사용하는지 배우는 것과 같습니다. 행위는 언제나 노련하게 도구를 사용하는 것과 같습니다.

3장에서는 수행의 결과로 세상 일에 대한 집착에서 벗어나 자유로운 일상생활을 찾는 방법과 가르침과의 조화에 대해 보여줍니다. 삼사라에 대한 혐오감을 키워가면 삼사라가 행복을 줄 거라는 망상에서 깨어나고 다르마를 수행하고픈 마음이 확고해집니다. 자유로움이 저절로 늘어나고 고통의 원인인 집착에서 벗어나 자유롭게 됩니다. 오로지 마음을 세간의 목표에서 멀리하고 자유롭고자 하는 진정한 결심을 개발함으로써 깨달음의 목표에 도달할 수 있습니다.

나모 로케쉬바라야

온전한 행복을 가져다 주소서

나모 로케쉬바라야, 산스크리트어의 뜻은 "우주의 가장 소중한 주主께 예경 올리나이다." 티베트에서 첸레직으로 불리는 위대한 보살이신 관세음보살에 대한 예경입니다.

첸레직은 모든 존재들, 일반인들에서 왕까지, 성문[18] · 독각[19]에서 십지의 모든 보살들까지 보편적인 자비로 보듬어 줍니다. 첸레직은 붓다의 마음과 분리되지 않았으며 위대한 자비심을 구현합니다. 자비심은 붓다의 가르침의 중심입니다. 그 이유는 자비심으로부터 광대하고 심원한 보살도가 일어나기 때문입니다. 자비심은 깨달은 마음 그 자체인 것입니다.

속제의 측면에서의 첸레직은 모든 붓다들의 마음의 아들로서 중생들을 구하고자 십지보살로 온 적이 있습니다. 진제의 측면에서의 첸레직은 모든 붓다들과 그들 정토의 화현이며 이

겁劫[20] 동안 모든 우주의 군주입니다. 우주에서 최고의 군주인 그는 단지 일반적인 의미로서의 왕이 아닌 영원히 생로병사와 삼계[21]의 윤회에서 완벽하게 벗어난 지혜와 자비의 왕입니다. 중생들의 근기에 따라 세상을 지배하는 자, 일반인, 그리고 동물 등 자유자재로 그들이 필요로 하는 모습을 나투십니다. 그는 모두의 이익을 위해 헌신한 완벽한 해탈의 전형적인 예입니다.

이러한 이유로 첸레직께 올리는 예경으로 본문을 열었습니다. 아래에 다시 예경을 올립니다.

1 만약 당신의 이름이
   감로의 한 방울이 되어 내 귀에 떨어졌다면
   셀 수 없는 세월 동안 법음으로 채워질 것이니,
   거룩한 삼보三寶, 그 명성은 빛이 되어
   어디에나 온전한 행복을 가져다 주리!

여기에 이 예경은 존귀한 불·법·승(삼보 三寶)께 올리는 것입니다. 삼보라고 말로 듣기에 쉬울지 몰라도 그 무량한 힘은 모든 유정들을 축복하고 윤회계에서 건져내기에 이릅니다. 천상의 감로와도 같은 이 이름들은 불멸의 감로로서 오직 한 방울만으로도 삼사라의 고통을 낮게 해 줍니다. 그저 이름을 듣는 것만으로도 우리 안에 심어진 해탈의 씨앗이 발아되고, 부처님의 가르침이 존재하고 깨달음을 향하여 나아갈 수 있는 지역에 환생할 수 있게 됩니다.

우리는 부처님을 스승으로, 다르마는 도道로, 승가는 길을 함께 가는 도반으로 여겨야 합니다.

궁극의 차원인 다르마카야(법신法身)의 단계는 붓다의 마음이 모든 것들이 그대로의 성품을 지님을 아는 전지함의 극대입니다. 삼보가카야(보신報身)의 단계에서는 삶과 죽음을 넘어 붓다께서 계속해서 법을 설하십니다. 니르마나카야(화신化身)의 단계에서는 우리와 같은 평범한 존재들의 개념으로 접근하며, 현겁의 천 부처님들 중 네 번째로 오신 '붓다 샤카무니'와 같은 형태를 지니고 있습니다.

붓다 샤카무니는 인도 샤카 족의 숫도다나 왕과 마하마야 왕비 사이에서 태어난 싯다르타 왕자입니다. 어릴 적에 그는 왕자로서 세속적인 즐거움을 탐닉했으나, 후에 세간의 일들을 등지고 6년간의 고행을 합니다. 마침내, 이 고행도 그만두고 바즈라사나(금강좌)[22]의 보리수 나무 아래에서 완벽한 깨달음을 성취합니다. 그는 40년간 타인을 이롭게 하기 위해 가르침을 펼쳤습니다. 그리고 중생들의 복이 다하자 붓다께서는 평화로운 대열반[23]에 드십니다.

붓다는 그의 전지한 힘을 통하여 대중들의 근기와 성향이 다르므로 그에 맞게 가르침을 펼쳐야 함을 보았습니다. 깨달음을 얻기 위한 방편으로 그는 84,000개의 다르마를 설하셨습니다.

다르마, 이 가르침은 두 번째의 보석인 것이지요.

그는 세 번의 법륜을 굴리셨습니다. 첫 번째인 바라나시에서의 초전법륜은 대승과 소승의 공통 가르침인 사성제(四聖諦 Āryasatya)입니다. 두 번째는 라자그리하(왕사성) 영축산에서 '대승의 절대 진리'를 설하셨습니다. 이 절대 진리는, 제법이 공하다는 것과 모든 개념의 범주를 넘어선 것을 의미합니다. 이 가르침은 반야경에 담겨 있습니다. 세 번째 법륜은 몇몇 장소에서 굴려졌는데, 주로 금강승의 궁극적 가르침에 관한 것입니다.

불법佛法은 전승되는 법(교법敎法)과 깨닫는 법(증법證法)으로 구성되어 있습니다. 전승되는 것은 삼장三藏 안의 붓다의 말씀을 모은 것으로, 율장律藏·경장經藏·논장論藏이 있습니다. 깨닫는 법은 깨달음을 얻도록 직접 행하는 가르침이며, 계율을 통하여 증장되는 명상과 지혜입니다.

세 번째 보석은 승가입니다. 티베트어로는 겐둔으로 불리며, 사전적인 의미는 '공덕의 공동체'입니다. 전통적으로, 대승 승가의 보살들과 소승 승가의 성문·독각으로 이루어져 있습니다. 일반적으로 승가에서는 가르침을 듣고, 사유하고 명상을 주로 합니다.

삼보는 최고의 귀의의 대상이며 모든 수행과 가르침의 기초가 됩니다. 삼보에 한 번 예경을 올리는 것은 모든 스승들, 부처님들 그리고 보살들께 올리는 예경입니다.

빼뚤 린포체는 삼보를 그의 수승한 스승으로 섬겼으며, 마음은 다르마로 가득 차 있었고, 그의 인생은 온전한 청정으로 이루어져 있었습니다. 그러므로 그의 가르침은 완벽하게 청정하고 전통적이라고 말씀드릴 수 있습니다. 온전한 자비로 지은 이 책에 어떠한 오만이나 자만은 없습니다. 그럼에도 불구하고 빼뚤 린포체는 겸손하게 이렇게 말씀하십니다.

> 2　가을날의 감은, 겉보기에 익었더라도 속까지 익지 않았다.
>
> 　나 자신은, 그저 수행자의 겉모습만 했을 뿐
>
> 　나의 마음과 다르마는 아직 하나가 되지 못했으니,
>
> 　나의 가르침은 완전하지 못하다.

여름이 지나 가을이 오면, 감이 여러 단계로 익는 것을 보게 됩니다. 어떤 감들은 익은 듯이 보이는데 잘라 보면 속은 익지 않아 녹색을 띠고 있기도 하지요. 이와 같이 몇몇 수행자들은 겉보기에 모범적이지만, 온통 악한 생각이 가득하고 부를 축적하는 것에 집착하며, 마을에서 의식을 행하고 자신의 이름을 알리는 것에 집중합니다.

이와 반대로 겉은 아직 익지 않아 푸르지만 내면은 벌써 숙성된 사람들도 있습니다. 이들은 비록 모습이 무지해 보이거나 구걸하는 거지일지라도 삼사라의 일들에서 자유롭고 헌신으로

가득하며 명상에서 오는 체험과 깨달음을 증득한 분들입니다.

어떤 감들은 겉도 안도 익지 않아 모두 푸릅니다. 이들은 결코 다르마에 입문한 적이 없으며, 아는 바도 없고, 헌신하는 마음 또한 없습니다.

마침내 몇몇 감들은 보기에도 익었고 실제로도 익은 것들이 있습니다. 이분들은 위대한 보살로, 내면은 온통 지혜와 자비로 가득하고, 외관은 무한한 방편으로 존재들을 이롭게 합니다. 진실로 빼뚤 린포체는 완벽한 보살 중의 한 분이었음에 의심이 없습니다. 잠양 켄체 왕뽀[24]께서는 그에 관해 이렇게 표현했습니다.

나는 두려움 없는 다르마의 왕인

'직메 최끼 왕뽀'[25]께 기도 드립니다.

외관은 샨티데바 보살이며,

내면은 마하싯다 샤와리빠[26],

그는 자신의 궁극의 본성 안에서

자기 해탈을 이루신 자유로우신 분이어라.

이 내용은 단순히 칭송의 징표에 불과한 것이 아닙니다. 빼뚤 린포체의 생각과 말과 행동은 모두 다르마를 완벽히 갖췄습니다. 이 점만 보더라도 그가 얼마나 겸손하게 자신을 낮추었는지를 알 수 있습니다.

누구든지 다르마를 가르치려면 그의 삶에 불법佛法이 녹아 있어야 합니다. 그저 말을 옮기는 것은 충분하지 않은데, 마치 귀머거리가 음악을 연주하여 그 선율이 아무리 아름답더라도 듣지 못하는 것과 같습니다. 가르침을 받는 우리들의 마음에도 진실한 기원이 녹아들어 있어야 합니다. 만약 우리가 누군가를 가르치기 위해 습득하는 것이라면, 마치 거지가 돈벌이를 위해 음악을 연주하는 것과 같아 가르침을 받는 것이 자신에게나 타인에게나 이롭지 않습니다.

또한 자신의 명예를 위해 가르침을 수집하는 것 또한 옳지 못합니다. 이런 말이 있습니다,

"위대한 지식, 커다란 자만은 집에서 멀어지고, 진실에서 멀어진다."

이렇듯 남을 돕기 이전에 우리 안에 숨어 있는 부정적인 요소들을 먼저 길들여야 하는 것은 아닐까요? 농담처럼 들릴지 모르지만, 한푼도 없는 거지가 온 마을을 먹여 살린다고 하는 것과 같습니다. 진실로 우리가 누군가를 도우려면 우선 빼뚤린포체를 모방할 수 있을 때까지 자신을 완벽하게 만들어야 합니다. 그는 그의 모든 존재 자체가 다르마의 의미로 빛이 났음에도 자신은 깨닫지 못한 사람이라고 겸손하게 말씀하시곤 했습니다.

3   나의 소중한 친구,

계속해서 가르침을 완강하게 요청하니,

거절하지 못하고 솔직하게 말하겠네.

이 말법 시대에,

나는 그대에게 거짓 없는 말을 해 줄 테니 잘 듣게나.

만약 누군가의 실수를 지적한다면 그 사람이 비록 당신의 자녀이거나 제자일지라도 심기가 불편해질 것입니다. 만약 누군가에게 아첨한다면 비록 그가 그 칭찬을 들을 만큼의 자질이 없더라도 기뻐합니다.

그러나 옛말에, "비록 그 소리가 인상적이라 하더라도 천둥소리는 시끄러울 뿐이다"라는 표현이 있습니다. 만약 사람들이 당신에게 늘 칭찬만 한다면 기분은 좋을지라도 다르마를 수행하는 수행자로서의 발전이 없을 것입니다.

우리가 실수를 저지를 때는 그것을 알려주고 우리에게 그것을 보여줌으로써 올바른 방향으로 가도록 도와주는 것이 진정한 도움입니다. 금은 계속해서 연단할 때 더욱 빛이 나고 정제됩니다. 마찬가지로 계속해서 우리의 허물을 알아차리고 스승의 지침을 받아들인다면, 우리는 부정적인 요소들을 정제하여 해탈의 길에 들어서도록 변할 수 있습니다.

범죄를 일으킨 사람을 알아보고 체포하면 그 마을이 평화로워지듯이, 친절한 스승에 의해 우리의 허물이 드러날 때 그것을 알아차리고 근절할 수 있으며 마음에 평화가 깃들 수 있습니다. 빼뚤 린포체의 '위대한 스승의 가르침'[27]에 보면, "올바른 길로 이끌어 주기 위하여 우리 결함의 핵심에 부딪힌다"라는 내용이 있습니다. 이는 다르마의 매우 핵심적인 내용입니다. 그는 우리에게 많은 세부적인 내용을 알 필요는 없기 때문에 해탈로 이끌어 주는 가르침의 정수가 필요함을 강조했습니다.

　이 게송들은 빼뚤 린포체 자신이 위대한 깨달음을 성취하지 못했다고 말했지만, 적어도 삼사라로부터 자유로워지도록 영감을 주며, 자비심을 기르도록 자극을 주고 있으므로 이 책에 주석을 쓰는 것은 의미있는 일이 될 것입니다.

1장

말법 시대의 허물에 대하여

행복해질 시간이 없다.
행복은 저 너머에 있으니,
고통을 원하지 않는다면
수행으로 고통의 뿌리를 자르라.

행복이나 고통이 그대에게 오는 것은
과거에 그대가 지은 것을 받는 것이니,
이제부터 누구라도
희망과 의심이 없도록 하라.

인생을 낭비하지 말라

삼보께 예경드리며, 빼뚤 린포체는 본문의 첫 번째 장을 이렇
게 시작합니다.

> 진정한 리쉬(현자賢者), 무인드라, 신神들 중의 신神
> 진정한 도道의 길을 통하여 진정한 성취를 이루었으니,
> 진실로 이 진리와 수승한 길을 보여줌으로,
> 진정한 현자로 알려지게 된 것이 아니겠는가?

고대 인도의 리쉬들은 긴 머리를 하고 숲속에서 금욕하며 살
았습니다. 들어오는 보시를 받아 연명했고 가족 · 무역 · 농사
등의 일들과 다른 세간사에 냉담했지요. 그들은 리쉬라고 불
리었는데 티베트어로는 '땅송'이며, 의미는 곧다, 혹은 진리입

니다. 그들의 삶이 올바르고 진실되어 사람들의 존경과 숭배를 받았기 때문입니다.

이 리쉬들 중 몇몇은 불교도이고 몇몇은 아니며, 성취와 깨달음의 정도에 따라 다양한 양상을 띠고 있습니다. 그들 중에는 집중과 명상을 통하여 초능력을 얻어 겁劫 동안을 살기도 했고, 천안통·하늘을 나는 능력·공중 부양을 한 이들도 있습니다. 그러나 이들 중 몇몇은 아직 감정의 뿌리를 끊지 못하여 자만심에 차 있으며 사람의 칭송이나 아는 데 집착했습니다. 반면, 비할 바 없는 샤카 족의 왕자 붓다께서는 발보리심[28] 하는 순간에 온전히 자기 집착을 끊었습니다. 어떻게 이러한 일이 가능하였을까요? 온전히 타인을 위해서 깨달음을 구했기 때문에 가능한 일이었습니다. 그러므로 그를 '진정한 현자'라 부르는 것입니다.

1002분의 붓다들께서는 모두 존재들의 이익을 기원하는 기도를 했습니다. 샤카무니께서도 마찬가지로 현겁의 말법시대의 존재들을 돕고자 서원하셨습니다. 다섯 가지 퇴락의 시대가 도래할 것이고, 그로 인하여 존재들의 마음은 번뇌와 감정에 끄달리고, 강한 탐욕에 눈이 멀고, 거칠게 변한 어려운 시간이 될 것을 알면서도 그의 서원은 굳건하였습니다. 이 같은 고귀한 서원으로 그는 모든 현겁의 붓다들 중 단연 하얀 연꽃처럼 눈이 부십니다.

그의 마음에서 보리심 서원이 떠오른 순간, 그는 모든 자신에 대한 이기심을 포기하고 오직 타인들의 이익만을 고려하였습니다. 세 겁三劫과 수백 생 동안 그는 자량을 쌓았고 모든 가능한 방법을 동원하여 타인을 돕는 데 힘썼습니다. 예를 들어 보겠습니다. 한때 어린 왕자였던 그는 숲에서 굶주림으로 몸이 약해져 새끼들을 먹이지 못하는 암호랑이를 만났습니다. 그는 호랑이와 새끼들을 살리고픈 자비심에 자신의 살을 잘라주었습니다. 그럼에도 호랑이는 그 살을 먹을 기운조차 없었습니다. 그래서 그는 손목을 잘라 피를 호랑이에게 먹였고 이윽고 호랑이가 기운을 차리자 그는 남은 그의 육신을 호랑이에게 주었습니다.

이례적인 자비심과 단호한 정진으로 그는 마침내 깨달음이라는 열매를 맺게 됩니다. 진정한 도의 길에서 자기 집착을 온전히 끊었습니다. 붓다께서는 온 우주의 존재들을 위해 태양과 같은 빛을 발하였습니다. 오직 타인을 이롭게 하기 위한 성취와 흠잡을 데 없는 가르침은 완벽한 본보기로 우리의 마음에 진정한 다르마와 불성과 만날 수 있는 기회를 제공해 줍니다. 올바른 동기로 올바른 길을 따라가다 보면 더 이상 나 자신과 타인을 속이지 않아도 되며 붓다의 경지와도 같은 진실한 결과를 얻을 수 있습니다.

붓다께서는 진실하였으며, 오직 있는 그대로의 진리만을 말씀하셨습니다. 장애를 가진 사람들에게는 무엇이 잘못 되었는지 알려 주었고, 자신의 삶을 다르마에 헌신하고자 하는 사람들에게는 이렇게 말씀하셨습니다.

"집에서 벗어나 집 없는 곳으로 가라. 세 벌의 법의를 챙겨라. 그리고 문사수聞思修(듣고 사유하고 명상하는 것)에 힘쓰라."

가장들에게는 어떻게 하면 10악업惡業[29]을 포기하고 10선업善業을 증장하는 지에 관해 설명했습니다. 이렇듯 그는 사람들의 서로 다른 근기와 성향에 따라 올바른 다르마를 수행하도록 가르침을 펼쳤습니다.

올바른 스승을 따라 허물을 고치다

붓다를 따르는 학식이 뛰어난 현자, 수행을 성취한 자들 혹은 우리처럼 일반인들과 같은 모든 추종자들은 모두 다 올바르고 적절한 길을 따라야만 합니다. 일상생활에서도 누군가의 마음과 행동이 올곧고 진실하다면 마땅히 그 사람을 존경하겠지만, 진실되지 못한 사람들은 누구에게도 신뢰를 줄 수 없습니다.

우리들은 스승이 나 자신의 과오와 허물을 확연히 보여주기를 기도해야만 합니다. 스승이 이렇게 할 때, 우리는 겸허하게 그의 비판을 받아들이고 스스로의 허물을 고쳐나가도록 노력해야 합니다. 여기에 샤카무니 부처님께서 직접 설하신 가르침에 관한 빼뚤 린포체의 말씀이 있습니다. 말씀은 곧 붓다 자체입니다.

4 이 말법 시대의 사람들이여!

마음 전체에 진리의 핵심은 시들었고
사람들은 기만 속에 살고 있다.
그러므로 그들의 생각은 꼬였고,
그들의 말은 뒤틀렸으니,
간교한 그들이 남들을 이끌고 있으니—
어찌 그들을 신뢰하리오?

황금시대, 완벽의 시대에는 햇빛이나 달빛이 필요하지 않았습니다. 그들의 몸 자체에서 빛이 뿜어져 나왔기 때문이지요. 그들은 신통이 있어 마음대로 공간 이동을 했고 딱딱한 음식도 필요 없었습니다. 모든 존재들은 자연적으로 10선업 속에 살고 있었지요.

그러나 시간이 흘러 그들은 욕망에 따라 세상을 살게 되었으며 서로를 해치고 도둑질하고 거짓말을 하기 시작했습니다. 그들은 자체적으로 발광하던 빛을 잃었고 태양과 달빛에 의지해야만 했습니다. 뿐만 아니라 하늘을 나는 능력을 잃었고, 영양을 위해 딱딱한 음식이 필요해졌습니다. 그리고 자연도와 만욕우[30]가 사라지게 되어 음식을 얻기 위해 고역을 해야만 했습니다.

이제, 현재의 우리 시대를 봅시다. 남은 것이라곤 황금 시대의 잔여물로 마치 호화로운 잔치가 끝나고 남은 찌꺼기처럼 유쾌하지 못한 것들로 가득합니다. 지혜의 눈을 지닌 자는 이 암흑 시대를 사는 존재들의 비참한 조건을 보며 도울 수는 없지만 애민심을 일으킵니다.

이 시대의 사람들은 좋지 못한 의도와 기만으로 갈등을 겪고 있습니다. 그들은 무엇이든 자신이 우선되며 타인들은 무엇을 필요로 하는지 신경 쓰지 않습니다. 누구든지 아첨을 늘어 놓으면 친구로 여기고, 나와 반대되는 의견을 주장하면 적으로 간주합니다. 이러한 태도는 점차 그들의 행동·언어·생각을 왜곡되게 만들며, 사람들은 굽어진 나무처럼 점점 꼬이고 뒤틀리게 되어, 마침내 정신이 타락하여 옳고 그름에 관한 개념조차 흐려져 완전히 길을 잃게 됩니다.

우리는 탐욕·성냄·어리석음·아만·질투가 다스리는 세상에 살고 있습니다. 이미 다르마의 태양은 서쪽 산으로 저버렸고, 위대한 스승들은 다른 세상으로 가버렸고, 수행자들은 그릇된 명상의 길을 가고 있으며, 재가자들이나 승려들은 다르마에 걸맞는 행위를 하지 않습니다. 이 시대의 사람들은 전도된 가치에 의한 일시적인 혜택을 얻기도 하지만, 결국엔 그것이 다른 사람이 아닌 자신을 속이고 있는 것임을 알아야 합니다.

이러한 유독有毒한 감정들은, 이 말법시대 사람들의 마음을 부풀려 삼사라의 끝없는 쳇바퀴를 돌도록 만드는 주요 원인입니다. 이 유독한 감정들을 다스리는 대치법으로 끊임없는 알아차림이 있어야만 합니다. 여기 까담 스승들의 예를 다룬 게송을 소개하겠습니다.

나는 마음이라는 문門 앞에서

'마음챙김'이라는 창槍을 들 것이다.

감정들이 위협할 때, 나 또한 그들을 위협하리.

그들이 움켜쥠을 쉴 때, 나 또한 마음을 쉬리라.

5   오호라! 이 말법 시대의 존재들을 보는 것은

얼마나 우울한 일인가!

오호라! 그들이 하는 말을 믿을 수 있겠는가?

인육을 먹는 잔인한 악마들의 땅에 사는 것과 같구나.

이것을 생각해 보라. 그리고 스스로에게 자비를 베풀기를.

만약 당신이 식인종들의 나라에 산다면 느긋하게 지낼 수 없
을 것입니다. 그들이 아무리 친절하고 예의 바르더라도 언제
당신을 먹을지 모르기 때문입니다. 마찬가지로 아무리 호감이
가는 사람이라도 그의 조언을 들었다가 일이 잘못되어 결국에
는 사이가 틀어질 수 있습니다. 그리고 만약 당신이 그들에게
조언을 해 준다 하더라도 나중에 문제가 발생할 수 있습니다.

그러므로 남에게 조언하는 것보다 자기 자신의 단점에 집중
하는 것이 훨씬 현명합니다. 수많은 것들이 존재하는 것처럼
보여도, 항상恒常할 수 없음을 알아야 하고, 자기 자신도 가능
하다면 늘 그렇게 보아야 합니다. 부정적인 생각 대신 사랑과
헌신을, 하릴없는 험담보다는 기도문을 염송하고, 무의미한 활

동보다는 오체투지와 탑돌이를 하십시오. 그리고 자신에게 호의를 베풀도록 하십시오. 계율을 수지하고, 스승을 공경하고, 문사수聞思修에 힘쓰고, 자신의 모든 단점을 연구하십시오.

이렇듯 우리는 자신에게 헤아릴 수 없는 서비스를 제공할 수 있습니다. 마치 한 조각의 금이 변하여 한 작품의 그림을 완성할 수 있듯이, 스승의 가르침으로 자신의 마음을 완전히 변화시켜 보십시오.

자신에게 호의를 베풀라는 것이 이기적이 되라는 뜻은 아닙니다. 윤회의 원인이 되는 좋고 싫음이라는 극단에 걸려 넘어져, 영속되는 삼사라의 방식에 자신과 타인들이 고통 받는 것보다는 자신의 인생을 값지게 사용하라는 의미입니다. 보살의 진정한 목표는 삼사라로부터 모든 존재들을 자유롭게 해 주는 것입니다. 그러기 위해서는 우선 그 자신이 무엇이 문제인 줄을 이해하는 것이 중요합니다. 이런 말이 있습니다.

무엇이든 태어난 것은 죽게 된다.
무엇이든 모였던 것은 흩어지게 된다.
무엇이든 결합되었던 것은 해체 된다.
무엇이든 올라갔던 것은 떨어지게 된다.

불타는 숯 구덩이, 독사의 둥지 혹은 악마의 도시와 같은 세간의 삶은, 피할 수 없는 어마어마한 고통이 수반됩니다. 상상

해 보세요, 당신의 몸에 360개의 구멍이 뚫어져 있고 각 구멍마다 태울 수 있는 심지가 놓여져 있습니다. 만약 조금의 불꽃이라도 튀긴다면 그 고통은 말로 형용하기조차 힘들 것입니다. 마치 화염지옥처럼 말입니다. 무엇이든 우리가 경험하는 고통은 사랑과 자비로 대응하여 우리의 악행과 장애를 쓸어내어야 합니다. 그리하여 해탈로 가는 길에 박차를 가하도록 하십시다. 우리는 반드시 삼사라의 본성을 이해하여야 하며 다르마를 수행하는 것만이 그 해독제임을 알아야 합니다.

죽음을 준비할 시간

6   얼마 전까지 그대의 의식은 홀로 헤매 다니다
까르마에 이끌려 현재의 삶을 받게 되었다.
조만간 마치 버터 램프에서 털이 빠져 나가게 되듯
모든 것을 남겨둔 채 다시 홀로 떠나야 하리.

조심해! 막강한 적이 다가오고 있습니다. 그저 단순한 적이 아니고, 아무도 꺾을 수 없는 '죽음'이라는 천하무적입니다. 죽음을 몇 년 혹은 몇 초 정도 미룰 수 있을지는 몰라도, 가장 힘이 센 사람, 지구상의 모든 군대를 지휘하는 사령관도 죽음을 피해갈 수는 없습니다. 애원이나 유창한 말솜씨도 소용없고요. 또한 죽음은 재벌의 엄청난 뇌물이나 고혹적인 아름다움도 통하지 않습니다.

여러분, 이렇게 살아보시면 어떨까요? 이 세상 어딘가에서 대략 10년쯤 수행하며 보내는 것입니다. 그런 다음 다시 10년을 수행정진 하도록 합니다. 그러나 누가 20년을 더 살 수 있다고 장담할 수 있겠습니까? 확실하게 내일 해가 뜨는 것을 볼수 있으리란 확신이 있습니까? 그 누가 다음 숨을 이어서 쉴 수 있으리라 장담하겠습니까?

숲속 안거처에서 불을 지피다 이렇게 생각할 수 있습니다. '오늘처럼 내일도 불을 지필 수 있으려나?' 어떤 이는 자다가 죽음을 맞기도 하고 어떤 이는 걷다가, 전쟁터에서, 젊어서 죽기도 하고, 나이가 들어서 죽기도 합니다. 어떤 상황에서건 삶에는 죽음이 수반됩니다. 수백 년간 죽지 않고 살아서 우리 곁에 남아 있는 사람이 있을까요?

우리는 홀로 태어나 홀로 죽습니다. 죽기 전까지는 그래도 우리는 그림자와 함께입니다. 죽은 다음 홀로 되었을 때 아직은 의식이 좋고 나쁜 행동의 그림자와 함께입니다. 그러나 우리가 죽음과 재탄생 사이의 바르도 상태에 들어가게 되면 수행을 하려 해도 너무 늦습니다. 그렇지만 수행에 자신감이 있고 정토로 가는 길을 알고 있다면 죽음에 고통은 없을 것입니다.

오늘 당신은 살아 있고 다르마를 수행할 수 있는 자유가 있는 곳에 있습니다. 누구도 종교는 금지되어 있으니 수행할 수 없다든가, 관세음보살 육자진언 염송을 못하게 하지 않습니다.

이제는 죽음을 준비할 시간입니다. 미래에는 돈을 따라가지 않고, 음식이나 의복을 쫓지 않도록 많은 노력을 기울여야 합니다. 무엇보다도 미래의 가장 잔인한 이벤트는 죽음이지 않겠습니까? 암살의 두려움은 어떨까요? 경호원에 둘러 싸인 왕이나 대통령이라도 치명적인 저격수를 만났을 때 누가 그를 순간 저지할 수 있을까요?

우리는 이 세상에 올 때 남편, 부인, 친구나 동반자와 함께 오지 않았습니다. 어쩌면 당신은 친구나 동료들이 많을지도 모르겠습니다. 그리고 어쩌면 적들도 있을 수 있겠지요. 그러나 급작스레 죽음이 닥치게 되면 우린 모든 것을 놓고 가야만 합니다. 마치 버터램프에서 양털이 떨어져 나가듯이 말입니다. 친구들이나 친척들은 우리를 도울 수 없습니다. 죽음을 홀로 직면해야 하는 것은 피할 길이 없습니다. 이 몸뚱이에 많은 공을 들이지만 죽어서 시체가 되면 친한 친구나 친척이라도 가능한 한 빨리 시신을 치우고 싶어할 것입니다.

우리가 떠돌게 될 바르도에서 우리는 벌거벗고 공포에 휩싸인 채 어디로 갈지 전혀 알지 못하고 과거에 행했던 행위라는 무거움을 지고 홀로 방황해야만 합니다. 측량할 수 없는 어둠을 직면해야 하고 까르마의 붉은 바람이 불어 우리를 쓸어 갑니다. 그리고 모든 곳에서 죽음의 신의 전령인 '야마'들이 "저 자를 잡아 죽여라!"라고 외치며 나를 둘러쌉니다. 그때에 단 한순간이라도 스승을 기억해낼 수 있다면, 바르도의 공포스러운 경험은 사라지고 우리는 정토에 태어나게 됩니다. 적어도 인간의 몸을 얻게 됩니다.

그러나 만약 우리들의 마음이 악업에 의해 버겁고 무거워 가르침 받은 것을 적용하지 못한다면 삼선도에 태어날 확률은 없습니다. 마치 돌멩이 하나가 수미산 꼭대기에서 떨어지는 것과 같이, 우리들이 악도로 떨어지는 것을 막을 도리가 없습니다.

권력을 가진 자는 힘을 이용하여 부를 축적하고, 그 과정에서 필요 없는 세금을 부과하거나 타인의 돈을 가로채는 등 부패할 가능성이 높습니다. 그러나 죽음의 순간에는 돈, 권력 그리고 비록 짧은 시간이라도 사회에 끼쳤던 영향력 등 살면서 누렸던 모든 것들을 남겨둔 채 떠나야 합니다. 누적된 악행의 영향은 지속될 것이고 그것은 미래에 올 불행의 원인이 됩니다.

임종 시에는 악행과 선행, 즉 행했던 행동만이 우리와 동행하게 되고 오직 다르마만이 우리를 지켜줄 수 있습니다. 만약 우리가 현재 다르마를 무시하고 간과한다면 일상생활의 걱정거리들에 영향을 받게 되고, 결국 독毒과 같은 감정들에 의해 끌려 다니게 되고 업의 빚을 지게 됩니다. 다르마 없이 우리는 완전히 무용지물입니다. 그러니 세간사에 집중하는 대신, 최선을 다해 수행을 해야 하지 않겠습니까?

이것이야말로 그대 인생의 가장 중요한 과업이며, 결단코 우유부단해서는 아니 될 일입니다. 당신은 어쩌면 이렇게 생각할

지도 모릅니다. '더 자유시간이 생길 때 수행을 해야겠어, 더 나이가 들어서, 혹은 더 좋은 장소를 찾게 된다면….' 이러다 보면 수행을 못할 수도 있습니다. 파담빠 상계께서는 이렇게 말씀하셨습니다.

> 만약 그대가 바쁘지 않게 될 때까지 기다린다면
> 그대는 결코 다르마 주변조차도 못 온다네.
> 생각을 떠올린 그 순간에 바로 시작하게나.
> 띵리 사람들이여!

그러니 죽기 전 무엇이든 쓸모 있는 일을 하도록 합시다. 우리는 반드시 다르마로 마음을 돌려야 합니다. 다음의 게송에 이렇게 설명되어 있습니다.

7   물론 우리는 좋은 것을 원한다.
     그래서 우리는 자신에게 솔직해야만 한다.
     만약 다르마의 핵심을 성취하지 못한다면
     우리 인생을 산다고 말할 수 있을까?

누구도 자신을 해치려는 의도를 가진 이는 없을 것입니다. 사람들은 아프면 얼마나 좋을까 하고 생각하지 않고, 불구가 되기를 바라는 사람도 없을 것이며, 가난해지거나 물건을 훔치기를 희망하지도 않습니다. 모두들 행복해지기를 바라고 부자가 되어 기쁘고 안락한 생활을 꿈꿉니다.

그러나 이러한 바람은 어디에서 오는 것일까요? 그것은 '내'가 존재한다는 믿음으로부터 옵니다. 근본적으로 우리 자신만의 행복을 추구하는 뿌리 깊은 신념 때문입니다. 마음의 이 틀은 결코 만족을 모릅니다. 비록 우리가 모든 우주의 황제가 되어도 더 강한 권력, 부유함과 즐거움을 원합니다. 같은 과정을 남편, 부인, 아이들, 친구들과 같은 우리와 가까운 사람들을 향한 감정에도 적용시킬 수 있습니다. 우리는 그들을 사랑하고, 다른 누구보다도 아낍니다. 누군가가 그들을 칭송하거나 도우면 기분이 좋아지겠지만 이것은 진정한 사랑이 아닙니다. 그저 그들이 나의 것이라는 생각을 바탕에 두었을 뿐입니다.

우리가 자신을 깊이 사랑한다 하더라도, 진정한 행복이 무엇인지에 대해서는 전혀 모르고 있습니다. 변덕스러운 자신을 돌봐주는 수준 정도일 것입니다. 조만간 죽음이 들이닥쳐서 모든 것을 놓고 가야 한다는 사실을 잊은 채, 우리는 행복을 즐거움 안에서 그리고 부와 명예에서 찾고 있습니다. 우리가 죽음의 문턱을 넘을 때는, 생전에 그토록 얻고자 노력했던 것조차 가져가지 못합니다. 힘들게 고군분투하여 얻은 즐거움은 잠깐일 뿐입니다. 엄청난 노력을 들였지만 결과는 아주 미약합니다.

오직 진실되고 영원한 행복을 얻는 유일한 길은, 스승께 가슴 밑바닥으로부터 올라오는 절실한 기도를 올리고 올바른 법을 수행하는 것입니다. 원인과 결과의 법칙에 따라 그리고 삼보의 가피를 통해, 우리 미래의 삶이 계속해서 불법이 홍성한 곳에 태어나고 항상 스승을 만나며, 깨달음이라는 엄청난 결과를 향하여 계속해서 정진하기를 이런 조그마한 노력이라도 들여 기원해야 합니다.

반면, '수행과 선업은 의미없다'라고 생각할 수도 있습니다. 이는 해를 끼치거나 잘못된 행동은 아니지만 '즐길 수 있을 만큼 즐기자'를 인생의 주된 주제로 삼는다면 악도에 떨어지는 것이 자명하며, 다르마라는 단어조차 들을 수 없는 장소에 태어나게 됩니다.

통상적인 관념으로 볼 때, 사람들에게 가장 훌륭한 것은 자신에게 소중한 것을 돌보고 싫어하는 것을 극복하는 것이라고 하는데, 이것은 큰 실수입니다. 만약 당신이 진정으로 인생을 가치 있게 만들고 싶다면 다르마에 헌신해야만 합니다.

우선 마음의 고삐를 틀어쥐고 다르마에 헌신하라

도에 입문하게 되면 첫 단계로 우리의 에너지를 다르마에 쏟아야 합니다. 아직까지는 타인을 돕는다는 것은 시기상조이므로 자신의 마음을 들여다보기에 힘써야 합니다. 지금의 우리는 자기집착이라는 뿌리를 끊는 것에서 멀리 떨어져 있기에, 우선 마음의 고삐를 단단히 틀어쥐는 것이 필요한 시기입니다. 남을 돕는 것은 아직 이릅니다.

"우선 자신이 깨닫고, 타인을 위해 자비를 행하라"라는 말씀이 있습니다. 바른 견해, 명상, 그리고 수행을 통하여 자기 집착과 부정적인 감정을 끊어야 합니다. 그래야만 진정으로 타인을 도울 수 있게 됩니다. 거친 우리들의 마음을 계율로 길들이면, 모든 허물은 점차 사라지고 모든 보살의 공덕이 드러나 꽃을 피우게 됩니다. 나가르주나(용수 보살)께서는 이렇게 말씀하셨습니다,

> 부주의하게 행동하는 이,
> 훗날 섬세하고 사려 깊게 변했으니,
> 구름 사이로 밝은 달이 나타나듯,
> 아름답지 않은가!

자아집착을 다루는 것은 힘이 들어 보이지만, 이를 통하여 우리 자신을 자유롭게 하는 것이 가능하며 자비심도 개발할 수 있습니다.

별해탈계[31]를 수지하는 것은 마음을 길들이기 위한 좋은 기반입니다. 율장의 청정한 계율을 통하여 우리는 무엇을 해야 하고 무엇을 하지 말아야 할지를 결정하는 능력을 개발할 수 있습니다. 이 시점에서 스승께서 가르치시는 방대한 범위의 불교의 가르침이 어려울 수 있지만, 바른 법을 수지한 정통의 스승을 만나 그를 올바르게 시봉하고 그의 견해 · 명상 · 행위

의 가르침을 받아 수행한다면 다르마의 핵심을 성취할 수 있습니다.

만약 스승에 대한 온전한 확신이 있다면, 스승의 영적인 자질은 계속해서 당신 안에서 개발됩니다. 마치 히말라야 산 속 전단향 나무 숲에 있는 일반 나무가 몇 년이 지나게 되면 전단향 나무의 아름다운 향이 배어들게 되는 것처럼요. 만약 진실된 스승을 찾는 대신, 세속의 헛된 친구와 어울린다면 친구는 오직 부정적인 업을 어떻게 쌓는지를 보여줄 것이고, 그대는 쿠샤 풀[32]의 조각을 닦기가 더 어려워지게 되어 결국 진창으로 떨어지고 말 것입니다. 이런 말이 전해 내려옵니다.

첫째, 신중하게 스승을 찾아야 하고
그리고, 신중하게 스승을 모셔야 하고
마침내, 신중하게 그의 가르침을 수행한다.
누구든지 이 세 가지 사항을 지키는 이는,
해탈을 향해 감에 틀림없는 진전이 있으리라.

지금과 같은 퇴락의 시대의 사람들은 제한된 지식과 하열한 근기로 인하여 다르마를 수행할 때 핵심적 내용을 간추린 형태가 필요합니다. 관세음보살(첸레직)과 둘이 아닌 스승에 대한 헌신으로 육자진언 염송을 함께하는 수행이 매우 좋습니다. 이 육자진언인 '옴 마니 반메 훔'은 염송하기에 쉬울 뿐더러 모든 불교 가르침의 본질을 함축하고 있습니다. 이 진언은 관세음보살 심장의 정수를 담고 있으며 가피가 무량합니다.

당신이 만약 관세음보살 수행을 주수행으로 삼는다면, 사람들과 신령스러운 존재들 그리고 악령들조차 당신에게 잘 대해줄 것이며, 병과 장애 없이 오래 살게 될 것입니다. 다음 생에는 포탈라 산의 정토에 태어나거나 최소한 불교가 널리 퍼져 있는 곳에 나게 됩니다. 이렇듯 관세음보살 진언은 무량한 가피와 붓다들의 자비가 포함되어 있습니다.

어떠한 노력을 기울이더라도 그 성공의 비결은 내면의 결심에 있습니다. 만약 부자가 되기로 마음먹었다면 비록 아주 적은 금액으로 시작하였더라도 끝내는 부자가 되는 것입니다. 공부를 하기로 결심하였다면 언젠가는 학식이 뛰어날 것입니다. 만약 명상을 하기로 하였다면, 다르마를 수행하여 언젠가는 해탈을 얻을 것입니다. 올바른 목표를 정하는 것은 철저히 본인에게 달렸습니다. 다르마를 수행함으로써, 마치 천하무적의 왕이 조상의 적들을 정복하는 것처럼, 당신은 헤아릴 수 없는 수많은 생에서 그대를 괴롭혀 왔던 모든 자기 집착을 끊을 수 있습니다.

끝없는 경쟁을 그치라

8   지금은 말법시대, 사람들의 생각과 행동은 실로 역겹다.

누구도 그대를 돕지 않고 기만과 속임수를 행한다.
그대 또한 그들을 도와주기가 어렵다.
이 쳇바퀴 도는 듯한 끝없는 경쟁을 그만두는 것이야말로
최선이 아닐까?

지금 시대에는 우리의 부모조차 다르마를 따르는 삶의 형태를 보여주지 않습니다. 대부분의 경우 우리의 가족과 친구들이 부자이거나, 권력이 있어 적을 제압하거나, 자신의 이익을 보호하기 위해 힘쓸 때 가치 있는 사람으로 인정합니다. 그들이 이러한 가치를 계속해서 추구하게 되면 결국 탐욕에 대한 집착과 적개심이 마음에 쌓입니다.

그들은 모든 시간을 그저 부모의 질병이나 말을 듣지 않는 자녀들 그리고 집을 어떻게 장식할까 등으로 헛되이 보내 버리지요. 만약 우리들이 이러한 생각에 계속 사로잡히게 되면 수행하려는 마음을 잃게 됩니다. 물론 부모와 친척들을 걱정하는 것은 자연스러운 일입니다. 그들을 돕는 것도 중요하지만 우리의 신身·구口·의意 삼문을 공덕을 짓는 도구로 삼고 가능한 한 많이 수행하도록 하십시오.

즐거운 경험을 갖는 기회나 음식을 먹을 때에도 우리는 자신 이외에 다른 사람이 이 즐거움을 대신하기를 원하지 않습니다. 계속해서 자신만이 즐겁기를 원합니다. 사실, 이러한 이기심은 결코 도움이 되지 못합니다. 타인을 괴롭게 만들고 후

에 자신도 괴롭게 됩니다. 오직 자신만을 생각하는 것은 보살행을 포기하는 것입니다. 믿을 수 있는 스승을 의지하여 부富, 음식, 의복과 친구들을 향한 이기적인 집착을 놓아버리는 것이 좋지 않을까요?

만약 이 말법시대에 대부분 사람들의 예를 따라간다면 결국엔 이들처럼 엉터리 사기꾼이 되어버릴 것입니다. 당신은 그저 잡을 수 없는 것들을 쫓아다니며 시간을 낭비하게 되지요. 마치 아이들이 노는 것에 정신을 쏟아 배고픈 줄도 모르고 추운 줄도 모르고, 시간 가는 것도 모른 채 놀다가 해가 저물어 어두워지게 되면 엄마를 찾으며 우는 것과 같습니다.

만일 진정으로 남을 돕고 싶다면 우선 자신을 완벽하게 하십시오. 만약 당신이 원대한 계획을 세우고, 사업을 하고, 제자들을 모으고, 자신을 스승이라 내세운다면 마침내 자신이 만든 그물에 갇히는 거미처럼 될 것입니다. 일생 동안 거미처럼 거미줄을 만드느라 죽음이 닥치기 전까지 시간이 얼마나 빠르게 지나가는지 알아채지 못합니다. 이것을 하느라 당신은 모든 에너지를 쏟아 부었고 모든 종류의 어려움을 견뎌왔습니다. 그러나 이러한 어려움은 영적 수행에서 오는 것과 같지 않아 자신을 향상시킬 수 있는 최소한의 도움도 되지 못합니다.

성스러운 까담 스승들께서는 편안함과 즐거움을 온전히 뒤로 한 채 매우 겸손하게 수행했습니다. 그리고 우리의 스승이신 붓다 샤카무니께서는 왕궁의 즐거움을 뒤로 한 채 6년간의 고행을 하셨습니다. 우리가 그를 따르는 제자인 이상, 모든 세간의 관심을 뒤로 하고 친구와 친척들과의 끝도 없는 관계 속의 산란함을 잊고 모든 마음을 다하여 진정한 스승의 가르침을 따르는 것이 어떨는지요?

세간의 일에 관여하여 좋은 점이 있다면 무엇이겠습니까? 그것은 이 윤회계의 모든 것들이 계속하여 격변한다는 점입니다. 백만장자가 거지가 되고 거지가 백만장자가 됩니다. 어떤 일이 생겨도 사람들은 결코 만족할 줄 모릅니다. 만약 백만원을 모으면 2백만원을 원하고, 2백만원을 모으면 3백만원을 원합니다. 어찌해야 만족하게 될까요? 당신이 결코 충분하지 않다고 느껴야 할 오직 단 한 가지가 있다면 그것은 '수행'이어야만 합니다. 굶주린 야크는 풀을 뜯어먹고 있으면서 항상 더 많은 풀을 찾을 수 있는 곳을 찾아보는데 우리도 이렇게 해야 합니다. 만약 이렇게 수행한다면 결코 실망하지 않을 것입니다.

만약 당신이 이번 생에 원하는 것들을 모두 얻고자 한다면 시간은 결코 충분하지 않습니다. 이런 말이 있습니다.

"모든 계획은 아이들의 게임과도 같다. 만약 시작한다면 결코 끝이 없을 것이다. 그러나 이 게임을 놓는다면 모든 것들이 한 순간에 끝날 것이다!"

9 비록 네가 선배를 잘 섬긴들 그들은 결코 즐겁지 않으리.

비록 네가 후배들을 돌봐준들 그들은 결코 만족을 모르리.

네가 남들을 돌보아준들 그들은 너를 돌보지 않으리니,

생각하고 확고한 결정을 내려라.

　당신이 어떤 일을 하든 모든 이들을 만족시킬 수는 없습니다. 세간에서 힘을 가진 이도 보통사람과 다르지 않습니다. 그들을 기쁘게 하려 열심히 노력해 보아도 별로 소용이 없습니다. 게다가 당신이 조금만 잘못하여도 그들은 너무 쉽게 당신을 벌주고, 때리고, 감옥에 보냅니다. 당신을 의존하는 사람들을 잘 돌보아준다 하여도 모두를 만족시키기란 불가능합니다. 어떨 땐 친구의 조언을 들었다가 일이 꼬여 더욱 얽혀버린 경우도 있습니다. 적들을 이기는 것과 친척들을 돌보아주는 일은 끝도 없는 시간 낭비입니다.

　남을 돕기 위해서는 우선 당신이 완벽해야 하는데, 그러기 위해서 당신은 세 가지 얽매임을 끊어야만 합니다. 첫째, 주요 인사에게 순종하는 것. 둘째, 남을 돕는다며 무익한 일에 얽히는 것. 셋째, 그들이 하는 말을 듣는 것입니다.

　중요한 사람을 만족시키기 위해 노력하는 것은 단지 감정적인 혼란을 일으킬 뿐입니다. 이 세상의 일들을 연료로 사람들을 돕기 위해 노력하는 것은 삼사라의 불구덩이에 기름을 붓는 것과 같습니다. 이러한 일들로 인하여 당신이 기뻐한들 기껏해야 짧은 순간일 뿐이고, 죽음의 순간에는 그 누구의 도움도 받을 수 없습니다. 그러므로 이것이 실은 자비에 관한 잘못된 개

넘입니다. 진정한 자비는 온전한 불성에서 나오는 불사佛事의 가피 속에 유정들을 돌보아 주는 것입니다.

삼사라의 덫에 걸린 당신은 마치 지하감옥에 갇힌 죄수처럼 오직 탈출하는 방법만을 궁리해야 합니다. 세간의 삶이 덧없음을 깨달아야 합니다. 여기 까담 스승들의 말씀이 전해옵니다.

다르마를 그대 마음의 기본으로 하여라.
겸손한 삶을 다르마의 기본으로 하여라.
죽음에 대한 생각을 겸손한 삶의 기본으로 하여라.
외로운 동굴을 죽음의 기본으로 삼아라.

외딴곳에서의 안거를 잘하기 위해서는 우선 산란함에서 벗어나야 합니다. 이는 다르마를 수행함에 최상의 길이 확실합니다. 우리 마음 안에 세간의 모든 것을 담아서는 안 됩니다. 그런 다음 스스로 완벽해지기 위해 노력하십시오.

10 오늘날 배웠다는 것은 가르침에 도움이 되지 않고,
더 많은 논쟁으로 이어진다.
오늘날 깨달았다는 것은 타인에게 도움이 되지 않고,
더 많은 비판으로 이어진다.
오늘날 중책을 맡은 자는 정부를 도와
국가 발전에 도움이 되지 않고, 오직 반역이 성할 뿐이다.

회한과 역겨움으로 이 시대를 숙고해 보라.

위대하고 수승한 깨달음을 지닌 스승이 이 말법 시대에 혼란에 빠진 사람들에게 나타나더라도 먼지에 떨어진 수은水銀 방울과도 같습니다.

그들은 다섯 가지 학문[33]에 통달했고 관대하게 가르침을 펼치지만, 대부분의 사람들은 꼬인 견해를 가졌거나 비판하거나 다르마에 전혀 관심이 없습니다. 몇몇은 가르침을 듣지만 이러한 가르침을 받는 것이 얼마나 소중한지 모른 채 이틀 삼일 지나면 지루해 합니다.

만약 가르침을 받고 수행하지 않는다면, 그저 피상적인 지식을 얻을 뿐이며 아상만 높이는 결과를 초래합니다. 어느 정도 수행 성취가 되었다고 생각하는 사람도 있겠지만 본인의 공덕에 심취되어 있을 뿐입니다. 높은 지위에 오르는 제자들 중에는 오직 탐욕, 집권의 오용과 남용에만 관심이 있습니다. 이러한 제자들은 다르마를 향한 헌신이나 남을 돕는 것 등에 있어 일반인들보다 나을 게 없습니다.

과거에, 자격 있는 스승들은 가르침을 펼침에 흠이 없었고, 담론을 통하여 그릇된 견해를 바로잡아 주었으며 그 의미를 설명한 주석을 지으셨습니다. 이러한 세 가지 행위는 마치 금을 정제하는 과정과도 같고 가르침을 잘 보존하고 퍼져나가게 하였으며, 사람들을 깨달음을 향한 진정한 영적 수행으로 이끌었습니다. 그러나 요즘의 이러한 행동은 그저 다른 종단들의 질투를 유발하고, 경쟁의식, 비난 그리고 심술을 불태우며 사마야계[34]의 전통적인 영적 수행의 평화로운 분위기를 해칩니다.

심지어 구루린포체와 비말라미트라[35]와 같이 기적을 행하시고 오신통[36]을 갖추었으며 누구든지 그분들을 보거나 듣거나 떠올리기만 해도 해탈에 이르며, 결단코 결점을 찾을 수 없는 완벽한 성취를 이룬 분들을 보면서도, 사람들은 그분들의 성취를 의심합니다. '모든 것들이 거짓이고 마법사의 주술 같은 거야'라고 생각합니다. 이와 같은 말법시대의 제자들은 왜곡된 견해를 가지고 사마야계를 더럽힐 뿐입니다. 이로 인하여 이같은 위대한 존재들이 유정들을 온전히 도울 수 없습니다. 그리하여 다르마가 퍼지고 흥성해지는 것이 가로막히게 됩니다.

마술사가 만들어낸 그림자에 속지 말라

도시와 국가를 좋은 마음으로 현명하게 지배하는 이들조차 성취자들을 적대시하고 심지어 죽이기까지 합니다. 이런 말이 있습니다.

"더 높아질수록 고통은 커져만 간다."

수승한 성취를 이룬 분들조차 유정들을 돕기가 왜 그리 어려울까요? 다음 게송에서 설명드리겠습니다.

11　비록 그대가 설명을 해도

사람들은 핵심을 놓치거나 그대를 믿지 못한다.

그대의 동기가 진실로 이타적이라 해도

사람들은 그렇게 생각하지 않는다.

이 시대는 똑바른 것을 비뚤어지게 본다.

그대는 누구도 도울 수 없으니, 그 같은 희망은 포기하게나.

당신이 다르마를 설명할 때, 사람들은 이렇게 말합니다.

"바보 같은 이! 저 사람은 다르마는 조금 알지 몰라도 세간의 삶은 하나도 모르지."

만약 당신이 진정한 행복을 이루고 삼악도에 태어나지 않는 방법을 설명한다 하여도 그들은 당신을 믿지 않습니다. 그들의 비뚤어진 견해 때문에 당신이 말한 모든 것들을 비꼬아서 받아들입니다. 대낮에 눈을 가린 사람들이 밖이 어둡다고 하는 것처럼 그들의 잘못된 개념은 확실히 문제가 될 수 있습니다. 오늘날 이러한 태도는 사람들의 본성을 흐리게 만듭니다.

가령, 선한 동기로 남들에게 조언을 하여도 그들은 당신이 현명한 방법으로 이익을 얻고자 노력한다고 생각합니다. 만약 사람들에게 수행하라고 말한다면 그들은 이렇게 생각하고 말합니다.

"내 일과 가정을 돌보는 것이 끝나고 난 후에나 할 것입니다. 그렇지 않으면 나에겐 아무것도 남지 않으니까요."

그들은 당신이 도우려 한다는 것조차 인식하지 못합니다. 만약 당신이 가르치는 것을 많이 한다면, 사람들은 "저 사람은 참 유창하네요, 그렇지 않나요?"라고는 해도, 가르침의 참뜻을 이해하려고 하지 않습니다. 장기적으로 그들을 위해서 어떤 것이 최상일지 볼 수가 없고, 사람들은 당신이 그들을 해치려 한다고 생각합니다. 그들은 배배 꼬인 오래된 나무 같아 어떤 것이든 그들 마음에는 곡해되어 나타납니다.

오래 전 황금시대에서는 아이들이 부모의 충고를 따랐지만, 현대의 삶은 그렇지 않으므로 차라리 조용히 지내는 편이 낫습니다. 스승의 가르침을 수행하는 이도 드뭅니다. 대부분의 사람들은 돈을 벌기 위해, 사업을 잘하기 위해, 성공하여 높은 지위에 오르고자 노력하고 에너지를 쏟아 붓습니다. 이러한 목표의 동기는 사람들을 집착에 휘감기게 하고 악의적인 욕망을 갖게 합니다. 그들은 출세를 위한 속임수와 자신의 이기적인 동기만을 고려합니다. 이렇게 배배 꼬인 사람들이 서로를 도울 수 있겠어요?

만약 이러한 슬픈 상황을 가만히 관찰해 본다면 당신은 삼사라의 정신 없는 행위들이 얼마나 덧없고 의미 없는지를 잘 알게 됩니다. 점점 더 이런 것들에 염증을 느끼고 오직 믿을 것은 영적인 수행임이 확실해집니다.

'제춘 밀라레빠'의 예가 가장 좋은 본보기입니다. 그는 스스로 세간의 일들을 모두 끊고 홀로 안거에 들어 오직 수행에 헌신했습니다. 만약 당신이 이렇게 할 수 있다면 결코 남들이 빼앗을 수 없는 무언가를 얻게 됩니다.

어떻게 수행해야 할까요? 위대한 까담 스승들은 '공성과 자비'를 하나로 하는 것이 가장 좋은 가르침이라 했고, 자비희사慈悲喜捨, 즉 사무량심四無量心〔(1) 자무량심慈無量心:한량없는 중생에게 즐거움을 주려는 마음 (2) 비무량심悲無量心:한량없는 중생의 괴로움을 덜어 주려는 마음 (3) 희무량심喜無量心:한량없는 중생이 괴로움을 떠나 즐거움을 얻으면 기뻐하는 마음 (4) 사무량심捨無量心:한량없는 중생을 평등하게 대하려는 마음)〕을 개발하여 애씀 없이도 이타행을 하셨습니다. 수행을 잘하기 위해서는 단호한 태도로 가르침을 받아 들여야 합니다. 스승들께서는 우선 불법을 공부하고 그 후 명상을 통하여 스스로를 훈련하였습니다. 이는 궁극적 불성의 위대한 지복의 길로 이끄는 아주 좋은 방법입니다.

까담파를 창건하신 위대한 빤디따 '아티샤'께서는 '두 번째 붓다'로 알려져 있습니다. 이분은 보리심과 마음훈련(로종)을 인도에서 설국 티베트로 가져오신 분입니다. 이분의 고유한 수행은 계속해서 진심 어린 사랑과 자비를 개발하는 것입니다. 모든 존재들을 위한 자비가 동기가 된다면, 일체중생을 위해 해탈을 얻고자 하는 마음이 확고하다면, 이루지 못할 것이 없다고 했습니다. 그러나 이러한 확실한 동기가 없다면 우리의 자비심은 진실 앞에서 탈색한 가짜일 뿐입니다.

"다른 이들의 행복을 기원할 때 심지어 우리를 해치고자 하는 이들에게까지 행복을 빌어주는 것이 진정한 기원이다"라는 말이 있습니다. 마침내 우리가 이 경지에 이르게 되면 자비심은 조작됨이 없고 꾸미지 않은 상태에서 스스로 떠오르게 됩니다.

붓다께서 도솔천에 계실 때, 곧 현겁의 네 번째 붓다가 될 예정이었습니다. 그는 잠부비파의 땅에 환생할 것이고 붓다의 행을 보여줄 것이라 예언하셨지요. 보살들과 천상의 신들은 지금은 말법시대이고 이단들이 도처에 있을 것이니 가지 말라고 청하였습니다. 그러나 붓다께서는 일체중생을 위한 그의 염원이 성취될 것이라는 확신이 있다고 답하셨습니다.

어떻게 이런 확신을 가졌을까요? 그것은 그의 끝이 없는 무량한 자비심 때문이고 자비의 힘으로 이루지 못할 것이 없음을 확신하셨던 것입니다. 말에 대한 확신으로 그는 소라 고동을 불었습니다. 그 소리는 아름다운 천상의 신들이 모두 모여 훌륭한 음악을 연주한 것을 능가하였습니다.

자비심의 개발을 위해서 우리는 반드시 세간의 일들을 멀리하고 고집 세고 날뛰는 우리의 마음을 길들여야 합니다. 만약 수행을 세간의 일들과 섞어서 한다면 깨달음은 완벽할 수 없습니다. 마치 금 조각에 때가 끼인 것과 같을 것입니다. 사업에 돌진하는 것은 보살행의 미약한 반영일 뿐, 우리는 우선 마음을 길들이는 것에 중점을 두어야 합니다. 그런 다음 공성과 자비가 불가분임을 깨닫게 되는데, 우리들이 불보살님들의 발자국을 애쓰지 않고 따라갈 수 있게 되는 것입니다.

만약 세속적인 목표를 추구하는 당신 욕구의 바탕을 면밀히 살피고 그것이 어디에서 왔는지를 찾아보면 잘 찾아지지 않을 것입니다. 일반적으로 우리는 모든 것들이 실재로 존재한다는 망상 속에 살고 있습니다. 주의를 기울여 살펴보면 이 현상의 세계는 무지개와 같이 생생하고 다채롭지만 잡을 수 있는 실체가 없음을 알 수 있습니다.

현상계에서 발생하는 자연 현상에 대해 자신이 속고 있음을 인식하십시오. 나타나는 현상에는 여러 종류가 있고, 그것은 신身·구口·의意를 통해 나타납니다. 우선 몸에 관한 망상을 게송으로 살펴보겠습니다.

12 "모든 나타나는 현상은 마술적 환영일 뿐."
    붓다께서 말씀하셨다.
    그러나 요즘에는 환영이 어떤 때보다 생생하게 현혹하니
    사악한 마술사에 의해 마술들이 판을 친다.
    그러니 이 말법시대의 길에서
    환영을 잘 알아차려야 한다.

윤회와 열반의 나타나는 모든 끝없는 현상들은 환영과 같습니다. 마치 왕이 영원히 그의 왕국을 지킬 수 없는 것처럼 온 우주의 어디에도 영구한 것은 없습니다. 본질적으로 실체로 존재하는 것을 발견할 수 없습니다. 태어난 사람은 죽지 않을 수 없고, 모인 것은 흩어지기 마련입니다. 이 세상 모든 것들은 영화 같아서 배우가 전쟁·열정·죽음을 연기하는 것이며, 꿈과 같아서 아름다운 꿈을 꾸기도 하고 악몽을 꾸기도 합니다.

그러나 이 말법시대에 우리는 환영의 꼭대기에 도달해 있습니다. 사람들은 황금시대를 완전히 잊어버렸습니다. 그들은 자신에게 닥칠 미래를 소홀히 여기고 즉각적인 만족감과 믿을 수 없고 변덕스러운 것에 사로잡혀 있습니다. 그들은 부정적인 행위와 커다랗고 해로운 더미 밑으로 다르마를 묻어 버렸습니다. 세상과 유정들은 바람에 하늘하늘 흔들리는 식물의 줄기처럼 매순간 변합니다. 아침에 진실이었던 것이 밤에 거짓이 되기도 합니다. 때 이른 비, 눈, 우박, 더위 그리고 추위는 계절의 자연적인 과정을 화나게 해서 발생한 것입니다.

이 모든 것을 볼때 우리는 좋은 일이 생기더라도 지나치게 좋아할 것이 없음을 이해하게 됩니다. 그것이 곧 재앙으로 다가올 수도 있기 때문입니다. 나쁜 일이 생겼다고 우울해할 필요가 없음도 이해해야 합니다. 악도에서 고통을 견뎌내는 존재들에 비한다면 말입니다.

마술사는 결코 자신의 속임수에 넘어가지 않습니다. 그가 마술로 말·소·마차 등 무엇이든 만들어낼 때는 그것들이 실제로 보이지만 실제 존재하지 않는다는 것을 압니다. 바로 이 마술사처럼 만들어낸 환영에 속지 마십시오.

모든 현상이 공함을 깨닫고 모든 세간의 일이 환영임을 인식한 보살은 비록 세간에서 가장으로 살아갈지라도 번뇌와 자기 집착에 영향을 받지 않습니다. 일상적인 세간의 삶의 본성이 비어 있음을 이해하고 그것에 끌리거나 혹은 두려워하지 않습니다. 그는 성공에 대한 희망이나 실패에 대한 두려움이 없습니다. 그는 문사수聞思修에 확신이 있고 그의 수행은 완벽한 깨달음을 향해 점차 다가가고 있습니다.

어쨌든 오늘날 이것을 이해하는 사람은 드뭅니다. 원숭이가 괴상한 원숭이를 흉내내듯, 망상은 점점 쌓이게 되고 급증하게 됩니다. 너무 멀리 가버려서 나오는 길을 찾기도 어렵습니다. 우리는 본성을 보는 시력을 잃어버렸고 그래서 인생을 허비하게 됩니다. 그러나 과거의 붓다들께서 말씀하셨듯이, "모든 현상은 합성된 것이다. 발생하는 모든 것들은 무상하다. 무상한 것은 괴로움이다"라는 것을 알아야 합니다.

그러므로 우리는 세간의 가치가 무엇인가를 알아야 합니다. 부·음식·의복 등에 관한 집착과 다른 사람들에게서 이익을 갈취하는 일 등을 그만두어야 하고, 다르마와 마음을 합하도록 분투해야 합니다. 만약 세간의 목표를 놓을 수 있다면 수행은 목표를 향해 점점 향상될 것입니다. 수행과 선한 행동 또한 환영과 꿈 이상은 아닙니다만, 이 꿈 같은 공덕을 통하여 깨달음이라는 꿈 같은 결실에 도달할 수 있게 됩니다.

우리는 모든 현상의 두 측면, 즉 진제眞諦(혹은 승의제)와 속제俗諦(혹은 세속제)를 이해해야 합니다. 간단히 말해서 속제는 드러나는 현상의 영역입니다. 원인과 조건의 결합에 의한 상호의존적인 결과를 통해 나타납니다. 모든 현상은 상호 의존적으로 연결되어 있습니다. 진제의 영역에서 인과응보의 법칙은 피할 수 없습니다. 긍정과 부정적인 행동은 필연적으로 행복과 고통이라는 결과를 만듭니다. 다시 한번 원인과 조건은 현재이며, 어떤 것도 생겨날 결과를 막을 수 없습니다. 마치 봄에 뿌린 씨앗이 햇빛을 받고 비를 맞으면 꽃도 피우고 열매를 맺게 되는 것과 같지요.

그러므로 우리는 비록 아주 짧은 순간일지언정 우리 행동이 가져올 가능성에 대해 알아차려야 합니다. 또한 불법을 수행할 수 있는 기회가 얼마나 드물고 귀한가를 알아야 합니다. 우리는 현재 수행을 할 수 있는 기회를 가졌지만, 죽음을 향한 시간이 점점 다가오고 있으니 시간 낭비를 하지 말아야 합니다.

수행의 향상을 돕는 도구

무상에 대한 생각은 우리로 하여금 수행을 하도록 이끌어 줍니다. 붓다께서 이렇게 말씀하셨습니다.

"모든 발자국 가운데 코끼리 발자국이 제일이다. 모든 생각 중에서 무상을 기억하는 것이 제일이다."

무상을 이해하는 것은 모든 현상의 공함을 이해하는 열쇠입니다. 이러한 진제는 깨달음을 성취한 존재들만이 이해할 수 있습니다. 궁극적으로 2제二諦(진제와 속제)는 현상과 공성의 결합임을 이해하는 것입니다.

이제 말과 관련된 현상을 설명하니 다음 게송을 보십시오.

13 "모든 말은 메아리와 같다."

붓다께서 말씀하셨다.

그러나 오늘날에는 메아리가 다시 메아리가 되어 돌아오니,

메아리의 소리와 의미가 같지 않다,

그러니 울려 퍼지는 메아리 소리에 귀기울이지 말아라.

윤회계 인생의 모든 말들과 행동들은 그것이 즐겁거나 불쾌하거나, 친절하거나 비판적이거나 모두 공한 메아리에 불과합니다. 절벽에 가서 소리를 질러봅니다. 모욕적인 말이나 달콤한 말이나 모두 메아리가 되어 당신에게 돌아옵니다. 이로 인해 침울해지거나 들뜰 이유가 있을까요? 우주의 모든 소리들에는―불·바람·물·동물의 울음소리, 인간의 말소리―진실한 핵심이 들어있지 않습니다. 그저 잡을 수 없는 공허한 메아리에 불과합니다.

과거에 관한 이야기나 현재의 이야기 그리고 미래의 계획을 토론하는 것은 쓸데없는 집착이나 적대감을 드러낸 표현일 뿐입니다. 말이라는 것은 그저 오고 가는 것으로, 진실함이 깃들어 있지 않고 흔적도 남지 않습니다. 어쩌면 당신은 어떤 이가 아침에는 칭송하는 소리를 들었는데 저녁에는 저주를 퍼붓는

소리를 들어 보았을 지도 모릅니다.

사람들은 실제 마음과는 달리 달콤한 말을 잘합니다. 반대로 의도는 좋은데 심한 말을 뱉을 때도 있어요. 만약 당신이 이 숨은 의도를 눈치채지 못한다면 혼란스러울 확률이 높습니다. 그러니 세간의 잡담은 잊어버리고, 대신 기도문을 읽거나 진언을 염송하거나 경전을 소리내어 크게 읽으십시오.

칭송과 비난에 의해 느끼는 행복과 고통의 수명은 짧습니다. 당신이 칭찬을 들을 때는 우쭐해지지 마시고 그 소리를 꿈이나 환영에서 듣는다고 생각하세요. 칭찬을 듣는 대상은 내가 아니라고 자신에게 말하세요. 그러나 당신이 가진 좋은 품성은 수행을 통해 개발된 것입니다. 오로지 깨달음을 얻으신 분들이 진실한 칭송의 대상이 됩니다.

비난을 들을 때는 숨겨졌던 결점들을 알아내고 겸손함을 기르는 기회로 생각하십시오. "비난과 학대는 명상의 꽃을 피워내는 뿌리이다"라는 말이 있습니다. 저들은 집착과 탐욕을 부수는 나의 스승입니다. 만약 이것을 수행에 적용시킨다면 거친 말이나 비난은 수행을 증장시키고 더욱 단단하게 만듭니다. 어떻게 이런 자상함에 보답할 수 있을까요?

말의 본질이 꿈과 같다는 것을 아는 깨달은 보살에게 비난과 모욕은 수행을 향상시키는 좋은 도구입니다. 그는 좋은 상황을 만나도 나쁜 상황을 만나도 별 영향을 받지 않고 그의 자량과 지혜를 증장시키는 도구로 사용합니다. 그는 결코 걱정이나 욕망에 휘둘리지 않습니다. 그의 마음이 정견正見으로 흔들림이 없기 때문입니다. 모든 세간의 일들을 흘러가게 내버려 둡니다만 도리어 다른 사람들의 존경을 얻습니다.

만약 우리가 수행에 전력하여 세계적으로 유명해졌다 하더라도 언제나 우리를 폄하하는 이들이 있습니다. 비록 우리들이 성공했고, 유명하고, 용맹스럽고, 아름답고, 혹은 권력이 있더라도 그것들은 매우 짧은 순간일 뿐입니다.

그러므로 칭찬을 들을 때는 오직 내가 부처님의 가르침대로 행했던 공덕 때문이라고만 생각하고, 비난을 들을 때는 타인을 위한 당신의 자비심을 기르고 삼사라의 일들을 놓는다고 상기하십시오.

14 그대가 보는 이는 사람이 아닌 사기꾼,

    사람들이 하는 말은 사실이 아닌 거짓말,

    그러므로 오늘날 믿을 사람이 없으니,

    홀로 자유롭게 사는 것이 더 낫지 않겠는가!

이 시대를 사는 것은 마치 식인종들이 사는 섬에 좌초된 것과 같아 결코 경계를 놓을 수 없습니다. 우리가 마주하는 어떠한 상황이 불행의 근원이 될 수 있고, 우리가 만난 어떤 사람으로 인하여 길을 잃게 될 수도 있습니다. 한 가지 확실한 것은 오직 스승만이 우리에게 타당한 조언을 해 줄 수 있다는 것입니다.

우리는 이것을 명심해야 합니다.

마음은 무척 쉽게 물리적 환경에 의해 망상에 빠져들며 세간의 말들에 쉽게 젖어듭니다. 차라리 조용한 곳에 가서 홀로 고요함에 머무는 것이 낫지 않을는지요? 이것이야말로 타인을 향한 사랑과 자비를 기르는 가장 좋은 방법입니다. 만약 이렇게 계속 매일 매일 수행해 나간다면 언젠가 끊임이 없는 자비행을 하는 보살이 될 것입니다.

이 생의 세간의 활동들이 얼마나 의미 없고 지치게 하는지가 또렷해질 때까지 당신의 존재 전체로 보리심을 명상하십시오. 이 암흑시대의 존재들이 얼마나 쇠잔한 상황에 놓여 있는가를 보면 당신은 이내 슬퍼집니다. 그리고 삼사라에서 벗어나 자유를 향한 마음이 강하게 일어날 것입니다. 만약 이러한 태도가 뿌리가 되면 대승의 공덕과 성취로 자라날 수 있습니다. 만약 삼사라를 벗어나고픈 출리심이 마음에 단단하게 심어져 있지 않다면 수행은 온전하게 개발되지 않습니다.

15　만약 그대의 행동이 다르마를 따른다면

　　사람들은 그대에게 적대감을 가질 것이다.

　　만약 그대의 말이 진실이라면

　　대부분의 사람들은 화를 낼 것이다.

　　만약 그대의 마음이 진정으로 선하고 청정하다면

　　그들은 결점을 찾아낼 것이다.

이제 숨겨진 자신만의 길을 지킬 때이다.

아직은 다른 이들이 우리의 가치를 알아볼 때가 아닙니다. 그들을 좋은 방향으로 변화시키려고 조언을 할 때도 아닙니다. 그렇다 한들 그들을 괴롭힐 뿐이지요. 지금은 도리어 자신의 허물을 발견하고 수행하는 것이 훨씬 낫습니다.

우리는 많은 사람들의 마음이 혼란스러운 시대에 살고 있습니다. 그들의 실제 생각이 말과 행동으로 지켜지는 것은 드문 일입니다. 사람과 사건들은 너무도 빠르게 변하여 누군가를 의지하기란 불가능합니다. 사실, 영적 스승을 제외한 사람들은 나에게 의지할 만한 조언을 주기란 어렵습니다.

과거에는, 누구라도 사원의 계를 받고, 가사를 수하면 붓다의 가르침의 영광스러운 상징이 되었습니다. 여법하게 다르마를 수행하면 사람들의 후원과 존경을 받았지요. 그러나 지금은 누군가 이렇게 하면 사람들은 그저 과시하거나 세상에 적응 못해서 출가했다고 생각합니다.

만약 순수한 동기로 다른 사람들을 돕고자 한다면 당신이 그들을 속인다고 의심합니다. 만약 당신이 진심 어린 말을 하면 그들은 결점을 들먹이며 수군댑니다. 그러므로 마치 재 밑에서 타고 있는 불씨처럼 당신의 진실한 가치를 숨기는 편이 낫습니다. 어떻게 하면 이럴 수 있는지 다음 게송에서 설명드리겠습니다.

16 깊은 산에 홀로 지내며 그대의 몸을 숨겨라.

연락을 끊어 그대의 말을 삼가고

아주 조금만 말하도록 하라.

홀로 자신의 허물을 지속적으로 알아차리며

그대의 마음을 숨겨라.

이것이야말로 은둔 수행자의 참뜻이다.

세간의 모든 정신 없는 행위들을 뒤쫓으며 삼사라의 환영을 벗어나기란 불가능합니다. 그래서 세간의 일로부터 떨어진 곳에서 홀로 지내는 것이 중요하지요. 오직 야생동물과 새들만 만나는 인적이 드문 동굴에서 살다가 죽음을 맞이하는 것보다 좋은 것은 없습니다. 이런 환경에서 당신의 친절과 자비심은 깊어질 것이고, 마음에서 집착과 증오는 사라지게 되며, 당신의 수행은 더 이상 산란심에 휘둘리지 않게 될 것입니다.

입은 죄악의 문입니다. 말은 우리 입에서 무척 쉽게 나가지만, 그 결과는 감당 못할 만큼 커지기도 합니다. 일상적인 대화들은 탐착과 증오가 대부분입니다. 만약 말을 너무 많이 하게 되면 앵무새가 끝내 새장에 갇히는 것처럼 당신에게 문제가 생길 수 있습니다. 그러니 불필요한 잡담은 하지 마십시오.

윤회계를 떠돌게 만드는 것은 마음입니다. 마음은 오독(탐욕·성냄·어리석음·질투·아만)에 의해 계속해서 증장됩니다. 오독은 삼계에 널리 퍼져 있는 망상을 일으키는 주요 원인입니다. 성가신 원숭이의 마음이 오독의 소원을 이루려고 마음을 괴롭게 하는 것을 내버려 두지 마십시오. 우리는 자신의 허물을 계속해서 면밀히 살펴보아야 합니다. 그리고 독심이 올라오면 바로 알아차려서 적절한 해독제를 사용해야만 합니다.

예를 들어, 집착하는 마음에 대응하기 위해서 무심을 기르고, 증오하는 마음에 대응하기 위하여 자애심을 증장시키고, 무지에 대응하기 위해서는 연기緣起[37]에 의해 이루어진 삼사라가 무엇인지 숙고해 보면 좋습니다. 선한 행동의 가장 중요한 핵심은 마음을 길들이는 것입니다. 여기 게송을 보십시오.

고행의 핵심은 마음을 단도리하는 것에 있다.
그렇지 못하다면 무엇하러 고행을 하겠는가?

당신의 마음이 계속해서 불법의 가르침 안에 있는지 아니면 독이 든 감정에 끄달리고 있는지 자세히 살펴보아야 합니다. 만약 마음이 청정하고 알아차림이 잘 된다면, 몸과 말도 자연스레 따라가게 됩니다. 마음의 내부를 통제하는 것이 바로 진실된 영적 스승입니다. 가르침은 언제나 적용되어야 하는 것입니다. 그렇지 않다면 어디에 쓰겠습니까?

은둔 수행자는 다른 이와 섞이지 않고 세간의 일에 물들지 않습니다. 그리고 명예나 추종자들을 원하지도 않습니다. 그는 수행에 대한 열망이 불타오르고 삼사라를 벗어나겠다는 결심으로 다르마의 뿌리를 잡고 있습니다. 이제 당신 차례입니다.

"만약 내가 세간의 활동을 그만둔다면, 나에겐 무슨 일이 일어날까? 나는 어떻게 되는 거지? 어떻게 음식과 집 그리고 다른 것들을 구해야 할까?"

물론 이런 망상 때문에 주저함과 불안감을 가질 수 있습니다. 그러나 계속해서 세간의 삶을 허락한다면, 그것들이 남은 인생을 지배할 것이고, 삼사라의 그물은 점점 더 조여들 것입니다. 이러한 뿌리 깊은 관습을 떨치지 못하면 곧 고통과 만나게 될 것입니다. 세간의 삶이 역겨워지기 전까지 그리고 무엇을 가졌든 가진 것에만 어떻게 만족하는지를 알 때까지, 당신은 결코 좋은 수행자가 되지 못합니다.

17 역겹다, 왜냐하면 믿을 사람이 없기 때문에.
    슬프다, 왜냐하면 어떤 것에도 의미가 없기 때문에.
    결심하라, 왜냐하면 그대가 원하는 모든 것을
    갖추는 때는 없기 때문에.
    만약 이 세 가지를 마음에 새기면
    언젠가 좋은 일이 생길 것이다.

우리에게 상냥한 사람들을 친구로 여기고, 우리 식으로 해석하여 적으로 간주하기도 합니다만, 이런 판단은 정말 믿을 만한 것이 못 됩니다. 지금은 친구로 여기는데 조만간 적이 되기도 하고 또 그 반대의 경우도 있습니다. 어떤 것도 영원하게 고정되어 있지 않고 영원히 의지할 수도 없습니다.

삼사라의 일들은 손가락으로 물 위에 그리는 그림 같아서 어떤 영원한 흔적이 남지 않습니다. 이 생에서 힘이 다해서 지칠 때까지 성공과 행복을 위해 분투하지만 결국 모두 물거품이 되어 버리고 맙니다. 죽음의 문턱을 넘을 때 우리는 무엇을 데려갈 수 있을까요?

우리가 어떤 프로젝트에 참가할 때 마음은 온통 지난번 행사 때의 일들과 앞으로 진행될 일들로 가득 차게 됩니다. 그러다 보니 현재의 선명한 알아차림을 못하게 되고, 이렇게 감정과 뒤얽혀 자유로워질 수 없습니다. 이생에서 우리가 계획과 구상을 한다 해도, 그것의 반을 이루는 것도 어렵습니다. 이런 모든 것들이 헛되고 소용없다는 것과 세간의 일들이 역겹고 피곤하다는 것을 알아야 합니다. 그리고 우리는 수행에 몰두해야 하지 않을는지요?

누구도 죽음을 피해간 사람은 없습니다. '붓다 샤카무니'도 예외는 아닙니다. 깨달은 이, 32상 80종호인 분도, 우리에게 무상을 일깨워 주며 이 세상을 떠났습니다. 천상에서 한 겁 동안 살 수 있는 인드라와 신神들도 결국엔 죽음을 면치 못하고 악도에 태어나게 되는데 그것은 그들이 미세한 감정의 뿌리를 뽑지 못했기 때문입니다. 하물며 이 쇠약한 몸뚱이를 가진 우리 자신을 무어라 할 수 있겠습니까? 수많은 불완전함으로 이루어진 이 육신으로 말입니다.

고통은 수행의 보너스요, 자양분

만약 당신이 자신만의 위대함으로 꽉 차 있는데 조그마한 불편함도 감수하지 못한다면, 당신은 결코 진정한 수행자라 말할 수 없습니다. 우리는 이때까지 편안함·성공·가족·친구들을 구하는 것에 몰두하여 살아 왔습니다. 수많은 생 동안 자신만의 행복을 추구하였습니다.

이제 다른 사람들을 위하여 어떤 것이 제일 좋은지를 원하는 생을 살아보도록 하십시다. 현재의 기쁨과 고통은 과거에 뿌린 씨앗들이 열매를 맺은 것입니다. 그것들에 관한 희망과 두려움에 집착하는 것은 쓸모없는 일이지요. 무한한 숫자의 유정들의 행복과 비교해 본다면 이것은 정말 사소한 일입니다.

그러므로 삼사라의 불완전함을 상기시켜 주고, 수행을 발원하게 만들며, 때로는 타인의 고통을 내가 섭수하여 그 고통을 환영하십시다. 행복 또한 당신이 해탈을 향하여 나아감에 힘을 더해주고 자비와 연민을 기르는 것으로 이용하도록 하십시오.

이 모든 것을 바라보면, 슬픔·역겨움 그리고 수행을 하고자 하는 결심이 동시에 일어납니다. 유정들의 환경과 그들을 도와주지 못하는 슬픔과 계속되는 악순환을 보며 역겨움을 일으켜 수행 정진하고자 하는 결심을 하십시오.

18   행복해질 시간이 없다, 행복은 저 너머에 있으니.

고통을 원하지 않는다면 수행으로 고통의 뿌리를 자르라.

행복이나 고통이 그대에게 오는 것은

과거에 그대가 지은 것을 받는 것이니,

이제부터 누구라도 희망과 의심이 없도록 하라.

지금의 당신은 모든 종류의 행복과 기쁨을 경험해 보았겠지만, 이 감정은 오래가지 못합니다. 그러니 행복과 기쁨에 집착하지 마십시오. 이 생에 당신은 모든 종류의 어려움, 질병과 다른 문제들을 경험했겠지요. 이 모든 어려움 안에 가르침의 진실이 담겨 있음을 보는 것 또한 중요합니다.

우리가 경험하는 고통이나 즐거움, 아픔이나 만족, 이 모든 것들은 모두 전생에 행했던 것들의 결과를 받는 것입니다. 만약 지금의 당신이 건강하고 유명하거나 부자라면 모두 전생에 많은 공덕을 지었던 탓입니다. 만약 당신이 질병으로 고생하고 장애가 많다면 그 또한 전생에 악업을 행했던 과보를 받고 있는 것입니다.

그러나 어떤 상황이건 당신 안에 있는 것을 발견한다면 당신은 그것을 정화할 수 있습니다. 아플 때는 당신의 고통으로 다른 사람들의 고통을 대신 받는다고 생각하세요. 그리하여 그들의 모든 아픔과 고통은 영원히 말라버리기를 마음 밑바닥으로부터 간절하게 기도해 보십시오. 더 많은 고통을 만날수록 모든 존재들의 고통을 받아들이는 수행을 할 수 있습니다.

이런 식으로 고통이 오는 것은 수행의 보너스입니다. 고통은 방해보다 도리어 도움이 됩니다. 위대한 제춘 밀라레빠는 모든 고통과 역경을 깨달음으로 바꾼 대표적인 예입니다. 그처럼 우리도 이생에서의 행복과 편안함을 추구하는 일들은 그만두고 어떤 상황을 만나든 수행의 자양분이 되도록 환영해야 하지 않을는지요?

19 사람들한테 많은 것을 기대한다면

그대는 미소를 많이 지어야 하고,

자신을 위해서 많은 것들이 필요하다면

그대는 많은 만남을 가져야 하리.

계획을 만들어 이것도 해야 하고 저것도 해야 한다면

마음은 희망과 두려움으로 가득하리니,

이제부터, 무슨 일이 있어도 이렇게 하지 마시기를!

부를 얻기 위해 그리고 권력을 갖기 위해서 당신은 주요인사들에게 아부를 해야 합니다. 비굴하고 위선적으로 미소 지으며 당신이 원하는 것을 희망해 봅니다. 당신이 권력과 힘의 세상으로 들어가게 되면 마음은 계속해서 과거 · 현재 · 미래의 걱정으로 가득 차게 됩니다.

결국 아무리 중요한 인사가 되고 부자가 되었더라도 충분하지 않습니다. 우리는 결코 이미 가진 것들로는 만족하지 못합니다. 이런 말이 있습니다. "마치 배고픈 개처럼 원한다."

만약 우리가 신들의 감로를 맛보았다면 더 맛있는 무언가를 원하겠지요. 만약 우리가 매우 아름다운 옷을 입었다면 더 좋고 멋진 옷을 원하게 됩니다. 그러니 무지개의 끝을 찾으려 무지개를 쫓는 아이처럼 쓸모없는 일에 에너지를 소비하지 마십시오. 세간의 목표는 완전히 헛된 일입니다. 이생에서 다르마를 수행하여 일체중생을 돕겠다는 서원이 단 하나의 가치 있는 목표라는 확신을 기르십시오.

다르마의 핵심은 삶의 기쁨과 슬픔에 대한 희망과 두려움에서 명료함을 유지하는 것입니다. 야생에서 홀로 살며, 무엇을 가졌든 가진 것에 만족하고, 필요하고 원하는 것들로의 고문으로부터 안전하게 사는 것입니다. 이렇게 하다 보면 수행이 자연스레 가까워지고, 장애나 산란함 그리고 갈등도 많지 않습니다. 당신의 모든 인생을 세간의 목표를 이루기 위해 소모한다면 메말라 버린 강바닥의 그물에 걸린 물고기같이 되어버리는 것입니다. 이 내용을 확실하게 이해하고 쓸모없는 여정을 따르는 것을 자신에게 허락하지 마십시오.

20 비록 오늘 죽는다 해도 무엇을 슬퍼하리?

삼사라의 길일 뿐.

비록 백년을 산들 무엇을 기뻐하리?

젊음은 가버린 지 오래.

지금 당장 그대가 살든 죽든 이 삶이 무슨 상관인가?

다음 생을 위해 수행을 하는 것이 핵심일 뿐!

만약 당신이 수행을 했다면 당신의 인생은 의미가 있어, 갑자기 심장마비가 오거나 당장 벼락에 맞아 죽더라도 후회할 필요가 없습니다.

그러나 수행을 하지 않았다면, 당신이 고민하지 않았던 한 가지가 있다면 바로 삼사라를 뒤로 하고 생을 떠난다는 것입니다. 이 생에 삼사라를 떠나지 않을 기회는 없고 앞으로의 생들에도 없을 것입니다. 마치 병에 갇혀버린 벌이 나가려고 올라갔다 내려갔다 하지만 탈출할 기회가 없는 것과 같습니다.

지금까지 인생을 낭비했나요? 그러나 만약 수행을 시작했다면 앞으로 얼마를 살든 당신이 스승과 함께할 수 있고, 스승의 가르침을 받고 죽음의 순간까지 온 마음으로 정진한다면 매일의 매 순간들이 고귀함으로 빛날 것입니다. 그런 다음 당신은 수행보다 더 가치 있는 일이 없다는 것을 확실히 알게 됩니다. 수행은 이 생과 앞으로 올 미래 생을 위해 자신이 완벽해지도록 만들어 주는 귀중한 투자입니다.

죽음이 당신을 찾아올 때 마치 오랜 친구를 보듯 맞이하고, 세상의 모든 현상이 얼마나 꿈처럼 무상한지를 인식합니다. 견줄 이 없는 감뽀빠께서는 이렇게 말씀하셨습니다.

"죽음을 맞이할 때 상근기 수행자들은 모든 세간의 일들에 미련이 없고 위대한 빛과 합일된다. 중근기 수행자들은 죽음에 대한 두려움이 없으며 정토에 태어난다는 확신이 있다. 약간의 수행을 한 하근기 수행자들은 적어도 후회는 없으며 악도에 태어나지 않는다는 정도를 알고 있다."

비록 이 생에 강한 집착을 가진 무엇이 있더라도 그것을 지닐 수는 없습니다. 젊은 날의 모든 즐거움들은 너무도 빨리 지나가고, 수행을 하지 않는다면 백년을 산들 오직 노령의 고통을 곱씹을 뿐입니다. 당신의 마음이 세속팔풍[38]에 오염되어 있어, 공부나 수행을 하지 않는다면 깨달음에 이를 수 없습니다. 세간의 일은 끝이 없고 진정한 가치를 가지고 있지 않습니다.

그러나 모두의 행복을 위해 깨달음을 기원하는 마음은 그 무엇보다도 고귀하고 모든 일들 중에 최고의 가치를 지닌 것입니다. 이것이 보리심菩提心입니다. 모든 도道의 핵심이고, 모든 것을 이루는 하나의 진리입니다.

지금이 바로 수행을 시작할 때입니다. 농부는 언제 밭을 갈고 씨를 뿌리며 수확을 해야 할지 알고 있습니다, 각각의 필요한 일을 놓치는 때가 없습니다. 이제 당신은 모든 능력을 가지고 있습니다. 스승을 만났고, 그의 가르침을 받았습니다. 깨달음이라는 밭을 일구지 않고 그냥 내버려 두시겠습니까?

대부분의 사람들이 미래를 생각하며 많은 계획을 세웁니다. 그러나 그들이 계획하는 미래는 고작해야 이생에서의 몇 년이

지요. 매우 근시안적입니다. 우리는 앞으로 가야 할 많은 미래 생들이 있습니다. 죽음은 홀로 넘어가야 하는 문턱인데, 오직 스승에 대한 헌신, 삼보와 수행에 관한 확신 외에는 도움을 받을 수가 없습니다. 친척, 친구, 권력, 돈 그리고 우리가 의지했던 것들은 그곳에 없습니다.

그러니 만약 끝도 없는 사소한 일들로 시간을 허비하고 있다면 임종 시에 당신은 후회로 눈물을 흘릴 것입니다. 그리고 강력한 욕망에 시달릴 것입니다. 마치 막 잡혀서 감옥에 투옥된 범죄자가 자신이 받을 벌을 예상하는 것처럼 말입니다. 제춘 밀라레빠께서 사냥꾼인 치라와 괸뽀 도르제에게 이렇게 말씀하셨습니다.

인간으로 태어나 자유와 행운을 갖는 것을
고귀하다 하는데
그대 같은 사람을 보니
그렇게 보이지 않는구나.

어떤 이가 먹을 것·입을 것과 살 집이 없지만, 그의 마음이 스승과 삼보에 대한 헌신으로 가득하다면 삶이든 죽음이든 언제나 그의 가슴은 환희와 확신이 함께할 것입니다.

제 1장을 마쳤습니다. 1장은 붓다께서 초전법륜 때 설법하

셨던 '사성제'를 다루었습니다. 삼승三乘의 첫 번째인 소승불교와 내용이 잘 맞아 떨어집니다. 일반적인 삼사라의 허물을 지적하여 이 말법시대의 부정적인 것들에 대적해야 함을 충고합니다. 윤회로부터 자유롭고자 하는 이 결심은 모든 수행의 기본입니다. 이제 제 2장에서는 삼사라의 해독제인 대승의 견해·명상·행위에 관해 말씀드리겠습니다.

2장

대승의 견해·명상·행위

사랑이라는 무기로
적과 증오를 극복하라.
자비를 방편으로
육도의 존재들인 가족을 보호하라.

헌신이란 들판에서
체험과 깨달음의 농작물을 수확하라.
그대 인생의 일을 마치고,
육자진언을 염송하라.

현교와 밀교의 핵심 내용

제 1장에서 예비행으로서의 도道의 개요를 서술했습니다. 소승은 윤회계의 전반적이며 특히 이 말법 시대의 피곤함과 혐오의 느낌을 우리 자신에게서 찾을 수 있도록 의도했습니다. 제2장에서는 이 상황을 대승의 견해·명상·행위라는 해독제를 통해 규정합니다. 이것을 두 부분으로 나누어 설명하겠습니다. 우선, 중간의 도道인 현교 그리고 뛰어난 방편의 도道인 진언승(밀교)에 대해 설하고자 합니다.

첸레직, 희망은 오직 당신뿐

삼사라는 우리가 보았듯 고통뿐입니다. 그러므로 우리는 이로부터 자유로워지려는 결심을 하게 됩니다. 이를 위해서 우리는 도움이 필요합니다. 사실 삼사라로부터 온전히 자유로운, 깨달은 분만이 오직 우리들의 희망입니다. 그래서 빼뚤 린포체께서 자비의 붓다이신 첸레직(관세음보살)께 호소하십니다.

21 아! 자비의 원천이며 나의 근본 스승이신 첸레직이시여,
당신만이 오직 저의 보호주이십니다!
당신 말씀의 핵심인 육자진언은 숭고한 다르마입니다.
이제부터 저에게 희망은 오직 당신뿐입니다!

첸레직은 존재들의 이익을 위해 보살의 형태를 나툰 온전히 깨달은 붓다입니다. 모든 붓다들의 본성은 하나입니다. 모든 붓다들의 자비가 첸레직으로 화현한 것이지요. 자비심이 깨달음의 뿌리이기에, 첸레직은 동시에 모든 불보살님들의 근원입니다. 첸레직은 본존의 형태를 띤 자비 그 자체입니다. 첸레직은 붓다·다르마·승가이며, 스승·본존·다키니입니다. 그리고 첸레직은 법신·보신·화신이며, 아미타불·구루린포체(파드마삼바바)·따라보살입니다. 그리고 무엇보다 우리들의 근본 스승입니다. 수백 개의 물결이 하나의 다리 밑을 지나가듯, 첸레직은 모든 붓다들을 합하신 분입니다. 그의 가피를 받는 것은 모든 붓다들의 축복을 받는 것과 같고, 그의 본성을 깨닫는 것은 모든 붓다들의 본성을 깨닫는 것입니다.

　이 암흑시기에 첸레직은 구루린포체로 화현하셨습니다. 이 시기의 존재들을 이롭게 하기 위해 그는 염원을 담은 기도문을 구체적으로 만들었습니다. 그리하여 그의 지혜·자비와 힘은 그 어떤 다른 붓다들보다 빠릅니다. 첸레직은 왕, 스승, 일반인(남·녀), 야생동물, 심지어는 산과 나무, 다리 등 중생들의 필요에 따라 그 어떤 형상으로도 나툽니다. 폭염暴炎 중에 부는 시원한 바람과 질병의 고통이 잦아드는 순간 또한 첸레직의 자비의 나툼입니다.

　마찬가지로, 첸레직의 육자진언인 '옴 마니 반메 훔'은 모든 붓다들의 자비가 담긴 지혜의 소리입니다. 그 안에는 붓다의 팔만사천 법문의 정수가 내재되어 있습니다. 다라니와 비밀 만트라³⁹ 등 여러 가지 다른 종류의 만트라들이 있지만, 어떤 것도 육자진언보다 뛰어난 것은 없습니다. 널리 알려져 있는 이 '육자진언'을 염송할 때 얻는 위대한 이익에 관해 현교와 밀교에서 자주 언급하고 있습니다. '옴 마니 반메 훔'을 한 번만 염송하더라도 붓다의 모든 열두 가지 가르침⁴⁰을 염송하는 것과 같다고 합니다. 육자진언은 육바라밀을 완성하고 윤회계에 다시 태어나는 것을 온전히 막아준다고 합니다.

　이 간단한 수행법은 이해하기 쉽고 누구라도 할 수 있으며, 동시에 다르마의 정수를 담고 있습니다. 행복할 때나 슬플 때나 육자진언을 귀의처로 삼는다면, 첸레직은 늘 당신과 함께 할 것입니다. 당신은 점점 더 어떠한 노력 없이도 헌신이 증장되고 당신 안에 내재된 대승大乘의 깨달음이 저절로 피어오를 것입니다.

『불설대승장엄보왕경佛說大乘莊嚴寶王經(티베트어:〔'phags pa〕 za ma tog bkod pa zhes bya ba theg pa chen po'i mdo)』[41]에 따르면, 만약 마니 만트라를 일억 번 하면, 몸 안에 살아 있는 무수한 유기체들이 첸레직의 축복을 받게 되며, 당신이 죽음을 맞아 몸을 태울 때 나는 연기를 들이마시는 사람은 누구라도 삼악도에 떨어지지 않는다고 합니다.

옴, 마, 혹은 니, 이렇게 만트라의 음절 하나로도 상상할 수 없는 엄청난 힘을 가져오고 존재들을 해탈시킬 수 있습니다. 이런 말이 있습니다. 붓다께서는 다른 어떠한 존재들보다 특별한 힘을 지니셨습니다. 예를 들어 12년 동안 내렸던 빗방울의 갯수를 알고 계실 정도입니다. 그럼에도 육자진언을 염송함으로 쌓여지는 공덕에 대해서는 온전히 설명할 수 없었습니다. 여기에 관한 설명은 너무도 많은데, 지구에 있는 모든 나무들로 종이를 만들어 이 공덕에 관해 써내려 간다 해도, 극미極微한 부분에 불과하여 기록하기에 충분하지 않습니다.

이 세상에서 '죽음의 신'보다 두려운 것은 없습니다만, 첸레직의 자비방사慈悲放射는 죽음이 다가올 때 느끼는 공포를 온전히 없앨 수 있습니다. 이것은 '그릇됨이 없는 귀의처歸依處'를 의미합니다. 삼사라에서 완전히 자유로운 첸레직은 언제나 중생들을 보살필 준비가 되어 있고 손동작을 하거나, 눈을 깜

빡거리는 것 등 아주 작은 동작을 하더라도 우리들이 삼사라에서 자유로워질 수 있는 힘을 지니고 계십니다.

그분의 명호를 부르며 진언을 염송할 때 우리들의 목소리를 듣기에, 첸레직이 거하는 정토가 멀리 있다고 절대 생각하지 마십시오. 첸레직은 신심이 있는 분들 옆에 늘 함께 계십니다. 우리가 가진 장애가 서방정토의 포탈라 산에 가서 그분을 뵙는 것을 가로막고 있습니다.

그의 자비심은 아주 하찮은 존재까지도 미치지 않는 곳이 없습니다. 그는 어떤 형태로든지 중생들의 이익을 위해 모습을 나투는데, 특히 중생들의 최대의 이익을 위해서 위대한 영적 스승의 모습으로 화현합니다. 그러므로 중생들에게 해탈의 길을 보여주는 최상의 보호주이며, 우리의 근본 스승과 다르지 않은 첸레직에 대해 완벽한 확신을 가져야 합니다.

첸레직의 차별 없는 자비의 비는 모든 곳에 내리지만, 시들어버린 헌신의 씨앗은 행복이라는 곡식으로 자라날 수 없습니다. 신심의 결여는 가피의 햇살을 차단하는 것과 같으며 암실에 갇혀 버린 것과 같습니다. 그러나 만약 신심을 가지고 있다면 그분과 당신의 거리, 시간은 아무런 문제가 되지 않습니다.

습관의 늪, 열정의 덫에서 나오라

붓다의 가르침은 상상할 수 없을 정도로 광대하고 심오합니다. 그 가르침들을 빠짐없이 철저하게 이해하는 것은 참으로 희귀

하며 놀라운 성취입니다. 그러나 그것만으로는 충분하지 않습니다. 가르침을 실제로 적용하고 그것이 우리의 마음에 녹아들어 내면의 깨달음을 달성하지 않는 한, 어떠한 지식이라도 그저 이론으로만 남을 뿐이며, 점점 자아도취에 빠져들게 됩니다.

우리는 많은 책을 읽고 많은 가르침을 듣습니다만, 진정으로 우리 존재를 변화시키는 이익을 주지는 않습니다. 침대 머리맡에 의사의 처방전을 올려두는 것만으로 병이 나을 수 없습니다. 그러므로 마음을 안으로 돌리고, 다르마가 당신 전체에 스며들 때까지 그 의미를 숙고해 보시길 바랍니다.

이것과 관련하여 빼뚤 린포체께선 아래의 게송을 읊으셨습니다.

22 내가 아는 것들은 그저 이론에 불과하니,
    이제 아무런 쓸모가 없다.
    내가 했던 일들로 생을 보냈으나,
    이제 아무런 쓸모가 없다.
    내가 했던 생각들은 모두 망상일 뿐이니,
    이제 아무런 쓸모가 없다.
    이제 진정 쓸모 있는 것을 행할 때이니,
    육자진언을 염송하라.

마치 파도처럼 세간의 일들은 하나가 가면 하나가 오고, 끝이 없습니다. 세상을 떠날 땐 빈손인데 말입니다. 무수한 생각들은 우리 마음속으로 퍼지며, 하나의 생각은 더 많은 생각을 일으킵니다. 그러나 이 모든 생각들은 도리어 혼란과 불만족을 불러 옵니다. 가르침의 핵심을 명상하고 진언을 염송하는 것이 더 낫지 않을까요?

지금 우리는 습관이라는 늪에 빠져 있거나 열정이라는 덫에 걸려 있습니다. 우리들은 삼사라에서 충분히 자유롭지 못하고 유정들을 해탈에 이르게 할 만큼 강하지도 못합니다. 우리는 도움이 필요한 존재들입니다. 그 어떤 도움보다도 첸레직의 도움이 필요할 때입니다.

귀의, 다르마로 가는 관문

> 23 절대 실망하지 않는 단 하나의 귀의처는 삼보이고,
>   삼보의 하나의 정수는 첸레직이니,
>   그의 지혜에 흔들리지 않는 믿음을 지니고,
>   확고한 신념으로 육자진언을 염송하라.

만약 브라만이나 인드라 등 신들을 귀의 대상으로 찾고 있다면 그 신들이 여전히 윤회의 그물에 갇혀 있기 때문에 진정한 도움이 되지 않습니다. 세상에서 힘이 있고 영향력 있는 사람

들, 혹은 친구와 친척들을 귀의대상으로 찾고 있다면 극히 제한적인 보호를 받게 됩니다. 산, 별 혹은 다른 자연현상들도 진정한 안전을 보장해 주지 못합니다. 만약 당신이 감옥에서 나가고자 한다면 다른 동료 수감자보다는 자신을 감옥 밖으로 나가게 해 줄 힘 있는 이에게 도움을 요청하겠지요.

삼사라의 소용돌이에서 빠져나가기 위해서는 이미 그곳에서 벗어나 완전히 자유로운 이에게 귀의歸依하는 것이 기본입니다. 삼사라의 모든 제약에서 자유로워질 수 있는 유일한 방법은 궁극적인 깨달음의 모든 공덕과 끝이 없는 무량한 자비로 중생들에게 차별 없이 응하며 해탈의 길로 이끌어 주는 삼보三寶에 귀의하는 것입니다.

삼보는 붓다·다르마·승가(佛·法·僧)입니다. 붓다는 스승으로, 사신四身[42]과 다섯 가지 지혜[43]를 보이십니다. 다르마는 길을 나타내며, 전승되어 깨달음을 얻게 되는 가르침을 뜻합니다. 승가는 도반道伴이며 가르침의 의미를 이해하고 그 결과로 깨달음을 얻게 될 이들을 말합니다.

삼보에 대한 신심과 헌신으로, 우리의 삼문三門(身·口·意)이 자비의 붓다이신 첸레직과 분리되어 있지 않음을 깨닫게 됩니다. 그의 마음은 붓다이고, 말은 다르마, 몸은 승가입니다. 현재 첸레직을 개인적으로 만날 수 없다 해도, 그의 헤아릴 수 없는 무량한 공덕은 현교와 밀교에 두루 쓰여져 있음을 알아야 합니다. 또한 귀한 법을 설하시는 나의 스승과 첸레직이 둘이 아님도 기억해야 합니다. 이 끝이 없는 친절에 깊게 감사하는 마음으로 그분께 기도하고 육자진언을 염송하면 우리의 업業에 의한 장애와 번뇌들을 정화할 수 있습니다. 보살의 권속을 위해 대승의 법륜을 굴리고 계시는 첸레직의 정토에서 때가 되면 우리는 그분의 현존을 뵙게 될 것입니다.

귀의를 하는 것은 다르마로 가는 관문關門입니다. 귀의는 삼승三乘의 공통이며 모든 수행의 기본입니다. 윤회계를 대하는 사람들의 태도가 다르듯, 귀의하는 동기 또한 모두 같지 않습니다. 윤회계의 고통이 두려워 자신의 안위를 위해 귀의하는 것은 하등한 동기입니다. 가장 바람직한 동기는 삼사라의 고통으로부터 일체중생이 온전히 자유롭기를 기원하며 그들을 깨달음으로 이끄는 것입니다. 이러한 동기와 태도가 대승大乘의 귀의입니다.

빛을 모아야 마른 풀을 태울 수 있듯

진실되고 진정한 귀의가 되기 위해서는 흔들림 없는 헌신이 개발되어야 합니다. 헌신은 깨달음의 길에 들어서는 필수적인 요소이며 붓다의 가피가 우리에게 흐르도록 열어주는 역할을 합니다. 헌신 없이 깨달음을 기대하는 것은 마치 해가 들지 않는 북쪽을 향한 동굴에 앉아 햇빛이 쏟아지기를 기다리는 것과 같습니다.

헌신을 개발하는 데에 네 가지 종류, 즉 생기 있는 헌신, 갈망하는 헌신, 굳건한 헌신, 그리고 퇴굴退屈 없는 헌신이 있습니다.

붓다, 첸레직 그리고 스승의 훌륭하고 경이로운 공덕을 처음으로 깨닫게 될 때, 당신의 마음은 매우 생기 있고 환희심이 넘치게 되는데, 이것이 생기 있는 헌신입니다. 이 생기 있는 헌신은, 첸레직의 완벽한 공덕을 나 자신을 위해 얻고 싶다는 마음이 올라오며, 자신이 첸레직과 같은 공덕을 갖게 된다면 무량한 중생을 도울 수 있다는 생각을 갖는 순간, 생기 있는 헌신은 갈망하는 헌신이 됩니다.

붓다께서 말씀하신 대로 첸레직의 공덕에 대해 온전한 확신이 들 때, 갈망하는 헌신은 굳건한 헌신이 됩니다. 마침내 헌신이 당신 자신의 많은 부분을 차지하게 되고, 비록 그렇게 되기까지 일생이 걸리더라도 당신이 도저히 그것을 단념할 길이 없을 때, 갈망하는 헌신은 퇴굴 없는 헌신이 됩니다. 당신의 헌신이 이곳에 다다를 때, 어떠한 상황을 만나건 완전한 헌신 안에 있게 됩니다. 그리고 당신은 이런 생각이 들 것입니다.

'첸레직, 당신은 모든 것을 알고 계십니다. 어떤 일이 생겨도 저는 당신의 지혜와 자비에 의지합니다.'

이때부터 첸레직의 가피와 안내가 항상 당신과 함께할 것입니다. 그리고 첸레직의 명호를 부르는 것만으로도 악도에 떨어지지 않게 보호해 주리라는 확신이 듭니다. 이 퇴굴 없는 헌신에는 진정으로 전통적이고 청정한 귀의가 필요합니다.

이런 말이 있습니다.

'헌신은 깨달음의 길을 따라 밤낮으로 돌려야 하는 귀중한 바퀴이다.'

헌신은 일곱 가지 공덕 중의 으뜸입니다. 햇빛은 모든 곳을 평등하게 골고루 비추지만, 돋보기에 빛을 모을 때 마른 풀을 태울 수 있습니다. 마찬가지로, 첸레직의 자비방사는 모든 존재들을 두루 비추지만, 돋보기와 같은 헌신을 가진 자만이 가피의 불꽃을 피어 오르게 할 수 있습니다.

이생에만 귀의를 한다거나, 현재 처한 가슴 아픈 상황이 나아질 때까지만 귀의를 하는 것은 근시안적인 발상입니다. 당신은 모든 중생들이 깨달음을 얻을 때까지 귀의한다고 서원해야 합니다. 자신의 몸과 말과 마음을 진정한 헌신으로 첸레직께 기꺼이 내놓을 수 있고, 좋고 나쁜 상황에 관계없이 그분을 완전히 의지할 때, 온전한 귀의를 하게 됩니다. 이것이 대승의 진정한 귀의입니다.

첸레직께 귀의를 하는 것은 외부·내부·비밀, 이렇게 세 가지 측면으로 나누어 볼 수 있습니다. 그의 외부적 측면에서, 그는 삼보三寶(불佛·법法·승僧)입니다. 내부적 측면에서 그는 삼근본三根本[스승, 이담(本尊), 다키니]입니다. 비밀의 측면에서 그는 삼신三身(법신法身·보신報身·화신化身)입니다.

그러므로 귀의를 한다는 것을 기초적이거나 초보자들의 수행으로 여겨서는 안 됩니다. 사실 귀의는 모든 심오한 수행이 포함되어 있고, 바로 깨달음까지 이어집니다. 귀의에 여러 단계가 있다지만 우리는 첸레직과 둘이 아닌 스승과 함께 헌신과 신심으로 삼보의 본질이 담긴 간단한 육자진언을 염송하는 것만으로 모든 것을 채울 수 있습니다.

비할 바 없는 학식과 깨달으신 아티샤 존자께서는 북인도와 동인도에 걸쳐 '제 2의 붓다'로 알려져 있었습니다. 그는 티베트를 여행하였는데 귀의의 이익에 관하여 많은 가르침을 펼쳤기에 '귀의의 빤디타(대스승, 논사)'라고 불렀습니다. 이 별칭은 그의 제자들이 부르기 시작했습니다. 그는 이렇게 말했습니다. "이렇게 불려지는 것은 진정 영광스러운 일이다. 붓다께 귀의하는 것보다 더 나은 것이 무엇이 있으랴?"

일체중생을 위한 보리심菩提心

신심(헌신)과 귀의가 얼마나 중요한지에 관해 이제 아셨을 것입니다. 이제 대승의 핵심인 보리심에 관해 살펴보도록 하겠습니다.

24   대승의 기본은 보리심이요,

이 숭고한 생각은 모든 붓다들께서 걸어오신 길이니

보리심이라는 고귀한 길에서 떠나지 말고,

일체중생을 위한 자비심으로 육자진언을 염송하도록 하라.

산스크리트어로 '보디치타'라 불리는 보리심은 일체중생을 위해 깨달음을 얻고자 발심하는 것입니다. 보리심은 진제眞諦와 속제俗諦의 두 측면이 있습니다. 진제의 보리심은 각각의 존재에 내재된 불성佛性을 인식하는 것입니다. 그리고 모든 현상의 자성自性이 공空함을 깨달은 이들만이 알 수 있습니다. 그러므로 이것을 온전히 이해하기란 쉽지 않기에, 상대적으로 덜 어려운 속제의 보리심에 관한 설명을 먼저 하겠습니다.

속제의 보리심은 두 가지 측면으로 나누어져 있습니다. 그 두 가지는 원보리심願菩提心과 행보리심行菩提心입니다. 원보리심이란 일체중생을 위하여 깨닫고자 발원하는 것이고, 행보리심이란 그 원을 육바라밀 수행을 바탕으로 실행에 옮기는 것입니다. 즉, 원보리심은 목표를 정하는 것이고 행보리심은 실제 목표를 달성하는 것입니다. 대승의 핵심은 윤회계가 존재하는 한 자신만을 위함이 아닌 일체중생을 위한 원보리심과 행보리심입니다.

어떻게 해야 원보리심이 증장될까요? 일체중생을 위해 깨달음을 얻고자 하는 자비의 마음을 갖는 것일까요?

우선 타인의 이익을 위해 자신이 깨닫겠다는 결심의 증인으로 첸레직을 선택하십시오. 다음 내가 좋아하는 사람들만 도와주고 싫어하는 사람들이 도움을 요청했을 때 거절하는 태도를 극복해야만 합니다. 이것은 당신의 셀 수 없이 수많은 전생들 중에 모든 존재들이 한 번 이상은 예외 없이 당신의 부모였음을 알게 될 때 가능하게 됩니다.

그 각각의 존재들은 아주 작은 곤충에 이르기까지 모두 행복해지기를 바라고 고통을 원하지 않습니다. 그러나 누구도 고통은 악업의 결과이고 행복은 공덕을 쌓은 결과라는 것을 알지 못합니다. 이 모든 존재들이 맹인이 사막에서 길을 잃듯 가망 없는 고통 속으로 가라앉는 것을 볼 때 아무것도 도와줄 수는 없지만 연민심이 일어나게 되는 것과 같습니다.

더욱 더 자비심의 증장을 위하여, 자신이 지옥에 있다고 상상해 보십시오. 내 눈앞에 죽음의 신 야마[44]의 부하가 부모님을 잡고 사정없이 때리고, 날카로운 창으로 살을 베고, 달군 청동으로 몸을 지지고, 붉게 달군 쇠판으로 누르고 있습니다. 부모님들이 당하는 극도의 고통을 보면 연민이 일어나고 어서 그들을 구하고 싶은 마음이 들지 않을까요?

이토록 강한 연민의 마음이 일어날 때, 한 걸음만 더 생각해 봅시다. 사랑하는 부모님은 살아 있는 헤아릴 수 없는 존재들 중 오직 두 분이십니다. 저 수많은 다른 생명들은 당신의 연민을 받아서는 안 되는 존재일까요? 그렇게 해서 아니 될 이유가 없습니다. 점차 자비심을 이런 방식으로 넓혀 나가도록 노력해 보십시오. 우선 친한 친구와 친척들, 모든 아는 사람들, 다음에는 국가 전체, 지구 전체, 그리고 삼사라의 삼계三界에 살고 있는 무한한 중생들로 확장시켜 나가십시오. 당신의 자비심이 정말로 이 광대한 범위에 닿을 경우에만 진정한 자비라고 부를 수 있습니다.

모든 존재들은 행복을 원하고 고통을 피하고자 합니다. 나와 타인의 차이점이 있다면 나는 한 명이고 남들은 셀 수 없이 많다는 점입니다. 그러므로 나의 행복과 고통은 무량無量한 다른 존재들의 행복과 고통을 비교해 볼 때 너무나도 하찮습니다. 다른 이들이 행복한지 고통 속에 있는지의 여부가 진정으로 중요한 것입니다. 이것이 바로 보리심의 근본根本입니다. 자신보다 다른 이들의 안위를 기원하고, 특히 적으로 느껴지는 이들과 나를 해롭게 하는 사람들의 행복을 빌어주어야 합니다. 그렇지 않다면 자비심을 언제 쓰겠습니까?

모든 존재들을 위한 자비의 마음이 보리심의 출발점입니다. 그런 다음 당신의 소망과 기원을 행동으로 옮길 수 있게 됩니다. 아티샤 존자께서는 '의도가 중요하다'고 말씀하셨습니다. 당신의 마음이 만약 타인의 이익을 위한 의도로 충만하다면 비록 표면적인 행동으로 보일지라도 행보리심이 자체적으로 행해집니다. 만약 이 태도를 유지할 수 있으면 당신의 수행 또한 방황하지 않게 되고 더불어 진전될 것입니다.

당신의 신身·구口·의意 삼문三門이 타인의 이익을 향한 마음으로 온통 물들게 될 때, 당신의 목표가 나와 타인들을 위한 완벽한 불성을 깨닫는 것이 될 때, 짧은 만트라 염송이나 단 한 번의 절을 한다 하더라도 목표는 반드시 그리고 빠르게 성취된다는 것을 기억하십시오.

육자진언은 첸레직의 정수이며 육바라밀은 만트라가 드러나는 형상입니다. 진언을 염송하게 되면 육바라밀은 자연스럽게 따라와지고 행보리심이 성취됩니다.

삼사라의 감옥에서 고통을 겪는 이가 보리심을 일으키게 되면 그들은 즉시 붓다의 아들과 딸로 채택되며 인간과 신들의 칭송을 받게 된다고 합니다. 그들의 존재 전체는 새로운 의미를 갖게 되고, 이는 모두 보석 같은 보리심의 헤아릴 수 없는 힘에 의한 것입니다. 보리심은 붓다의 팔만사천 가르침의 정수이고 아주 단순하여 초보자들도 쉽게 이해하고 수행할 수 있습니다.

진제의 보리심은 공성과 자비의 결합입니다. 이것은 꾸밈없는 상태의 단순함이며, 모든 개념과 알음알이를 넘어섰으며, 자연발생적이고, 목적이 없는 자비심이 일어나는 것이며, 모든 중생들을 이롭게 만듭니다.

당신의 수행이 깊어질수록 보리심의 두 측면이 서로를 보강합니다. 마음의 절대적인 본성을 잠시나마 엿볼 수 있다면 속제의 보리심 수행에 있어 올바른 관점을 가질 수 있고, 차례로 속제의 보리심 수행은 진제의 보리심을 깨달을 수 있도록 길을 넓혀줍니다.

죄업은 정화淨化될 수 있다

보리심의 올바른 태도를 개발함에 있어 이제는 깨달음의 길에 장애가 되는 것을 깨끗하게 청소할 필요가 있습니다.

> 25 무시 이래로부터 현재까지 삼사라를 방황하고 있으니
> 무엇이든 그대가 했던 것들은 잘못된 것이고,
> 더 많은 방황으로 이끌 것이니
> 모든 죄업과 회한을 마음으로 인정하고 모두 참회하여,
> 사대치력四對治力으로 육자진언을 염송하라.

과거생들에서 현재까지, 우리는 남들을 셀 수 없을 만큼 해롭게 하고, 거짓말하고, 속이고, 훔치고, 그들을 파멸로 모는 등 온갖 좋지 않은 행동을 해 왔습니다. 결국 이 악행들은 악업이 되어 삼사라에 갇힐 수밖에 없는 덫이 되고, 수행을 함에 있어 최고의 장애물이 되어 버렸습니다. 이것은 견성을 방해하는 두 가지 요소를 지니고 있습니다. 바로 번뇌에 의한 장애(煩惱障)와 진실을 못 보게 하는 장애(所知障)입니다.

그렇지만 우리들 상황이 아주 희망이 없는 것은 아닙니다. 까담의 스승들께서 언급하셨듯이, "죄업이 지닌 단 한 가지 좋은 점이 있다면 그것은 정화될 수 있다는 것"입니다. 악업은 현상과 결합되어져 있으니 그것 또한 무상할 게 분명합니다. 붓다께서는 네 가지 힘으로 정화할 수 없는 잘못은 없다고 말씀하셨습니다.

이 네 가지 힘(사대치력四對治力)은 모든 죄업의 정화에 영향을

주는 방편입니다.

첫 번째 힘은 '의지함의 힘'입니다. 의지하는 대상은 우리가 아는 사람 혹은 본존本尊이 될 수 있습니다. 이분들께 우리의 죄업을 고백하여 정화가 이루어집니다. 이런 경우 모든 불보살님들의 지혜의 화현인 첸레직을 그 대상으로 삼으면 좋습니다. 다른 방법으로 금강살타, 35불 참회문, 혹은 비로자나불 등 명호만 들어도 악도의 모든 중생들을 해탈하기에 충분한 불보살님들이 의존의 대상입니다. 많은 본존들이 의지의 대상이 되어 정화가 이루어지는데 이분들은 모두 정화를 도와주는 정수인 첸레직의 화현입니다.

두 번째 힘은 '후회의 힘'입니다. 후회는 우리가 현재까지 경험하는 모든 고통들이 무시이래 삼사라를 방황하며 즉각적인 결과를 받게 되는 오무간업五無間業[45]과 십악업十惡業을 행하고 삼승三乘의 계율을 범한 악행犯戒에 의한 것임을 알게 될 때 저절로 일어납니다. 벌레로 태어났던 생까지 포함하여 우리가 태어났던 수많은 생들의 몸을 모두 합쳐서 쌓아 본다면 수미산보다 높습니다. 우리가 살았던 모든 생들에서 회한과 고통으로 흘렸던 눈물을 모아 본다면 이 우주의 바다보다도 큽니다.

이러한 많은 예들은 『정법념처경正法念處經』[46]에서 찾아볼 수 있습니다. 이 끝도 없는 재탄생再誕生의 모든 고통이 실은 자신이 저질렀던 거짓말이나 살생 등의 악행 때문임을 알아야 합니다. 당신의 행동이 가져올 결과를 알지 못한 채 남아 있게 되면 마치 미치광이처럼 지내게 될 것입니다.

그러나 한 번만이라도 과거에 행했던 모든 악행들로 인해 끝없이 삼사라를 방황했던 것을 알게 되면, 당신이 저지른 부정적인 행동에 대해 깊이 뉘우치고 후회할 수밖에 없고 다시는 저지르고 싶지 않게 되겠지요. 이 강하고 진실한 후회의 힘으로 다시는 반복하지 않겠다는 다짐과 함께 모든 죄업을 참회해야 합니다.

후회하는 것만으로는 충분하지 않습니다. 과거에 행했던 부정적인 행위에 대해 정화할 부분이 아직 남아 있습니다. 이것은 세 번째 힘인 '대치의 힘'으로 이루어 집니다. 모든 부정적인 행위는 삼문三門인 신身 · 구口 · 의意로 행하였기에 그것에 대응하는 대치법으로는 신 · 구 · 의 삼문으로 긍정적인 행위를 하는 것입니다.

이것을 수행에 접목시켜 몸으로는 절과 성지순례를 하고 다른 이들과 가르침을 섬깁니다. 입으로는 마니 만트라를 염송하고, 마음으로는 그분의 자비방사慈悲放射가 없다면 삼사라의 심연에 점점 더 침몰했을 거라고 생각하며, 모든 자신의 부정적인 행위와 장애를 없애기 위해 오롯한 마음으로 첸레직께 기도를 올리십시오.

당신의 헌신적인 기도에 대한 응답으로 첸레직의 몸으로부터 흘러내리는 감로甘露가 자신과 타인들의 정수리를 통해 흘러들어 간다고 관상觀想하십시오. 자신과 타인들의 몸에 감로

가 채워집니다. 그리고 모든 장애, 죄업과 부정적인 업들이 조금의 흔적도 남지 않게 완벽하게 씻겨집니다. 이제 당신의 몸은 완벽하게 청정하고 수정처럼 투명해집니다. 첸레직은 환하게 웃으며 "귀한 자여, 이제 그대의 죄업은 정화되었느니라"라고 하십니다.

이제 빛으로 화한 첸레직을 자신에게 섭수하면 됩니다. 첸레직의 마음과 자신의 마음이 하나가 되었음을 느껴 보십시오. 이 개념을 넘어선 빛나는 공성의 상태에 잠시 머무르십시오.

네 번째의 힘은 '각오의 힘'입니다. 나의 목숨이 위태로울 지라도 다시는 그러한 행동을 하지 않겠다는 확고한 결심을 하는 것입니다. 여태까지는 모르고 저지르는 죄업이 고통의 원인임을 몰랐으나, 이제부터는 자신이 변하지 않는 것이 변명이 되지 않습니다. 부정적인 행위가 쉽게 정화될 수 있다고 생각한다면 맞지 않습니다. 당신은 마음 밑바닥으로부터 다시는 다르마에 반反하는 악행을 저지르지 않겠다는 굳은 결의를 다져야만 합니다.

이렇게 하려면 끊임없는 알아차림과 부지런함이 필요합니다. 네 번째의 힘은 첸레직처럼 자신의 신·구·의를 정화하겠다는 결의가 포함되어 있습니다. 육자진언을 염송할 때 자신의 악업은 사그라들고, 내재된 모든 공덕이 깨달음의 상태에서 빛나게 됩니다. 마치 구름에 가려졌던 태양이 모습을 드러내듯.

26   마음, '나'라는 상을 부여잡고 모든 것에 매달리고 있으니 —
이것이 바로 윤회의 원인이다.
그러므로 열반에 고귀함을 공양 올리고,
비천한 윤회에 자선을 베풀어라.
모든 것을 주어라 — 육신, 재물 그리고 공덕까지도
그런 다음 모두에게 공덕을 회향하라.
모든 집착을 던져 버리고, 육자진언을 염송하라.

정화를 통해서 많은 장애들을 소멸했으나, 깨달음이라는 길을 여행하기 위해서는 식량을 준비해야만 합니다. 여기서 말하는 식량이란 공덕과 지혜입니다. 공양을 올리고 선한 행동을 통하여 공덕자량이 완성되면, 색신色身을 성취하게 됩니다. 집착 없는 마음으로 선업을 행하여 지혜자량이 완성되면 법신法身을 성취하게 됩니다. 이 두 가지 자량은 반드시 타인을 이롭게 하기 위한 마음으로 성취해야만 합니다.

'나'라는 존재에 대한 생각을 붙들고 있음을 이해하는 것은 무척 중요합니다. 진정으로 내가 존재한다고 믿는 것이 윤회계를 방황하게 만드는 근본적인 이유이기 때문입니다. 한번 이 잘못된 믿음이 에고의 뿌리를 취하게 되면 우리는 나의 몸, 나의 마음, 나의 이름, 나의 물건, 나의 가족 등등에 매달리게 됩니다. 이러한 개념들은 우리로 하여금 좋은 것을 원하고 싫은 것을 피하게 만듭니다. 그 결과는 끊임없는 좋고 싫음의 계속됨이고 이것들을 바탕으로 감정의 충돌이 발생하여 쉼 없이 우리 마음을 방해합니다.

수많은 과거생 동안 우리는 풍요와 부를 누렸음에도 삼보께 공양 올리거나 타인에게 자선을 베푸는 것에 관대해지지 못하는 것은, 자신의 소유물을 잃거나 가진 것을 소진해야 하는 두려움 때문입니다. 부유한 사람들 중 어떤 이들은 닳아진 옷을 입고, 맛없는 음식을 먹는 등 매우 인색합니다. 무상함에 대한 무지를 보여주고 있습니다. 죽음의 시간이 다가오고 있다는 것을 모른 채 말입니다. 죽음의 순간이 오거나 혹은 그 이전에 어쩌면 그들은 가진 모든 것을 놓고 가야 합니다. 그 어떤 것이라도 가져갈 수 없을 뿐만 아니라, '음식'이나 '음료'라는 단어조차 존재하지 않는 곳에 환생하게 됩니다.

그러므로 소유한 재물은 꿈에서 본 보물로 혹은 신기루 속에 피는 아지랑이로 여겨야 합니다. 그러나 첸레직과 삼보께 공양 올리는 것은 꿈같은 공덕을 짓게 만들어 꿈같은 행복, 장수長壽, 부유함 그리고 종국에는 해탈을 얻게 됩니다. 진정한 공덕을 쌓으려 한다면 위대한 헌신의 마음으로 아만심 없이 당신의 모든 것과 선물들을 보시하십시오.

우리의 모든 소유물 중 가장 소중하게 보살피는 것은 신체身體일 것입니다. 가시에 찔리거나 조금만 데어도 참기 어려워합

니다. 자신의 신체적 편안함과 소유물에 매달리는 이 습관을
바꾸어 자신의 몸을 붓다의 하인으로 바치고, 불보살님께 소
유한 것들을 다 보현운寶賢雲으로 만들어 공양을 올리도록 하
십시오. 더 나아가 자신의 상상력으로 우주에서 가장 아름다
운 것들, 예를 들어 예쁜 꽃들, 시원한 정원과 숲, 듣기 좋은
음악, 향기, 완벽한 음식, 등불 등 가장 고귀한 것과 보물들을
공양 올리십시오. 이들 중에서 가장 숭고한 공양은 수미산須彌
山과 4대륙, 철위산鐵圍山, 여의수如意樹 등으로 장식된 '우주 만
다라 공양'입니다. 이는 말하자면 신들과 인간의 고갈되지 않
는 부富가 축적되는 체제입니다. 이 무한한 공양을 열반에 거
하시는 불보살님들과 육도의 모든 중생들에게 회향하십시오.
　현교와 밀교 경전에 기술되어 있듯이, 이 모든 공양들은 삼
사라의 근본이 되는 자기집착에 대한 해독제가 될 수 있습니
다. 상위 수행 중에 이런 것이 있습니다. 우선 자신의 몸이 감
로수가 된다고 관상한 후 네 부류의 손님을 초대하여 공양을
올립니다. 네 부류의 손님이란 첫째, 경배과 존경의 대상인 삼
보. 둘째, 공양을 받아 마땅한 호법 신장들. 셋째, 자비의 손길
이 필요한 육도의 모든 중생들입니다. 넷째, 이 생과 전생에 빚
이 있어 업으로 얽힌 관계입니다. 그러므로 그들은 번뇌를 느
끼도록 만들고, 장애와 혼란을 일으키며, 수행을 방해합니다.
이들에게는 그들이 가장 원하는 공양물을 올리면 당신이 갚아
야 할 빚이 청산됩니다.

이들을 위해서 당신이 공양 올린 감로수가 그 어떤 것이라도 그들의 고통을 달래줄 수 있는 것으로 변한다고 관상하십시오. 굶주림에는 음식을, 병고에는 의약품을, 추위에 떨고 있다면 의복을, 그리고 집이 없다면 쉼터로 말입니다.

육자진언 또한 삼보와 일체중생을 위한 공양이 될 수 있습니다. 진언에 헤아릴 수 없는 이익을 가져오는 힘이 있기 때문입니다. 다르마와는 거리가 멀어 보이는 무자비하고 거만한 존재들에게조차 육자진언은 그 거친 마음을 길들이며 도울 수 있는데, 그것은 진언의 원천이 보리심이기 때문이며 그 무한한 자비의 힘은 언제나 무력과 폭력을 제압해 버립니다.

관용과 타인을 배려하는 이 수행을 통해서 당신은 윤회의 근본이 되는 자기 중심적이며 집착하는 마음에서 자유로울 수 있습니다. 모든 존재들을 위해 공양을 올리고 자비심을 개발하여 점차 자신의 소유라는 집착을 놓을 수 있습니다. 이 최상의 공양인 보시 바라밀은 '개념을 넘어선' 것으로 일반적인 보시가 지혜와 자비로 승화된 것임을 의미합니다. 궁극적인 보시에 관한 일화가 있어 소개해 드립니다.

옛날에 자비심이 뛰어난 위대한 왕이 있었습니다. 그는 매일 왕궁의 가장 높은 방에서 자애심 명상을 했습니다. 그가 지닌 자비의 힘은 견줄 자가 없었으며, 심지어 그의 궁에서는 어떤 미물이라도 죽이지 않도록 했습니다. 어느 날 아침, 비둘기 한 마리가 날아와 왕의 무릎에 쓰러졌습니다. 비둘기는 숨도 제대로 쉬지 못한 채 두려움에 떨고 있었습니다. 잠시 후 매 한 마리가 따라들어와 왕에게 말했습니다.

"그 비둘기는 내 것입니다. 나와 굶주린 내 새끼들을 위해 고기가 필요합니다."

왕은 잠깐 생각에 잠겼습니다. '저 어미 매에게 비둘기를 주지 않을 방법이 없으며, 내어줄 다른 고기도 없구나. 그러나 만약 내가 아무것도 하지 않는다면 어미 매와 새끼들은 다 죽을 것이다.'

고민하던 왕은 어미 매에게 자신의 살을 잘라서 조금 주기로 결정했습니다.

"얼마나 많은 양이 필요하느냐?" 왕이 물었습니다.

매가 대답했습니다. "제 몸무게만큼 필요합니다."

왕은 저울을 가져와서 매의 무게를 달았습니다. 왕은 날이 선 칼을 가져와서 그의 오른쪽 허벅지 살을 잘라 무게를 재었으나 부족하였습니다. 왕은 다시 왼쪽 허벅지 살을 잘라 저울에 올렸으나 여전히 부족하였습니다. 왕은 몸을 모두 잘라 저울에 올렸으나 저울은 처음에 올렸던 상태 그대로 꿈쩍도 하지 않았습니다. 마침내 왕은 그의 온몸을 주기로 결정하고 저울 위에 올라섰습니다.

사실, 비둘기와 매는 천상의 존재들로 왕의 자비심을 시험해보고자 하였던 것입니다. 그들은 왕의 몸을 다시 조합하며 이렇게 말했습니다.

“진정 그대는 가장 자비로운 존재로다!”

잘라진 왕의 몸은 언제 그런 일이 있었느냐는 듯이 기적처럼 깨끗하게 돌아왔습니다. 후에 이 왕은 붓다 샤카무니가 되십니다.

지금 현재의 우리는 보살들이 했던 것처럼, 자신의 머리나 팔, 다리, 살 등을 공양 올릴 수 없습니다. 그리고 우리의 수준으로 이러한 공양을 올리려는 시도가 잘못된 것일 수도 있습니다. 그래서 우리는 우리의 몸을 마음으로 공양 올리는 것부터 시작합니다. 이 수행과 더불어 다른 공양을 올리는 수행을 통하여 점차적으로 집착은 줄어들고, 마음은 숭엄崇嚴해지고 넓어집니다. 마침내 당신은 자아의 본성이 공함을 깨닫게 되고, 지혜 자량이 완벽히 쌓이게 되어 모든 현상의 본질이 공함을 깨닫는 최상의 완벽한 공양을 올리게 됩니다.

구루요가, 스승을 붓다처럼 섬기고 헌신하라

이제 우리는 ‘구루요가’라는 도의 가장 핵심에 들어 왔습니다. 구루요가를 통해서 지혜는 애씀 없이 자연스럽게 증장됩니다.

27 모든 붓다들의 본질을 지닌 고귀한 스승,

모든 붓다들 중 가장 친절하신 분.

스승을 첸레직과 둘이 아닌 분으로 보며,

변함없는 헌신으로 육자진언을 염송하라.

당신의 근본 스승의 공덕과 능력은 모든 면에서 과거의 붓다들과 같습니다만, 스승이 보여주는 친절은 훨씬 더 큽니다. 어떻게 그럴 수 있을까요? 왜냐하면 그는 해탈의 길로 안내해 줄 준비가 되어 있기 때문입니다. 이러한 특별한 친절에 깊이 감사하며, 당신은 언제나 스승을 붓다로 여기며, 영적 안내자인 스승을 공경하십시오.

삼세의 모든 붓다들도 스승을 의지하여 깨달음을 얻었고 앞으로도 그러할 것입니다. 가르침들 중 가장 심오한 마하무드라(大手印)와 대원만大圓滿(족첸dzog chen) 수행은 알음알이에서 조작되어진 것보다 스승에 대한 진정한 헌신을 통해 성취됩니다. 변함없는 일념一念의 헌신으로 스승을 붓다로 봅니다. 무엇을 하든 그의 행동은 완벽합니다. 그런 다음 모든 붓다들의 마음의 지혜인 스승의 가피는 애씀 없이 당신에게 스며듭니다. 당신이 그의 지침에 따라 수행하면 미혹이라는 구름이 걷히게 되고 망설임도 사라지고, 태양과 같은 그의 자비를 통해 빛나게 되며, 행복으로 따스해 집니다.

사대륙을 다스렸던 전륜성왕轉輪聖王은 언제나 윤보輪寶를 가지고 다녔습니다. 마찬가지로 항상 어디에 가든 헌신하고 있다면 애씀 없이 깨달음을 향하여 나아갈 수 있는 힘이 생깁니다. 붓다께서는 "누구든지 헌신하는 이와 늘 함께 하겠다"라고 하셨습니다. 호수가 깨끗하고 고요할 때 달 그림자를 더 잘 비추어 내듯이, 스승의 가피 또한 당신의 헌신이 강하고 청정할 때 스며들 수 있는 것입니다.

가장 빠르게 깨달음에 도달할 수 있는 방법은 스승의 가피를 통해서입니다. 밀교에는 "스승이 부처이며, 스승이 다르마이며, 스승이 승가이다. 스승은 모든 붓다들의 지혜의 화현이다"라고 합니다.

이러한 마음으로 첸레직과 둘이 아닌 스승께 기도를 올려 보십시오. 이런 말이 있습니다.

> 스승의 마음은 변함이 없는 법신法身이다
> 스승의 말씀은 줄어듦이 없는 보신報身이다
> 스승의 몸은 자비로운 화신化身이다
> 사신四身의 현존인 스승께 기도하라.

첸레직과 둘이 아닌 스승께 기도를 드리는 것은 구루요가의 가장 핵심적인 내용입니다. 구루요가의 사전적 의미는 '스승의 본성에 계합契合하는 것'입니다. 당신의 마음을 스승의 마음에 계합하는 것은 모든 수행에서 가장 심오한 수행이자 깨달음으로 가는 가장 빠른 지름길입니다. 그리고 깨달음으로 가는 여정에서의 생명력이며 이 하나의 수행에 모든 다른 수행이 포함되어 있습니다.

과거의 모든 보살들이 스승을 의지하여 보리심을 증장했고 완벽함에 도달하였습니다. 예를 들어 상제보살常啼菩薩[47]은 스승을 모시기 위해서라면 살과 피를 비롯한 모든 것을 다 바칠 준비가 되어 있었습니다. 그리고 '숀뉘 놀상'이라는 보살은 143명 이상의 스승을 따랐습니다.

그러므로 당신이 마음속 깊은 바닥으로부터 뼛속의 골수까지 언제 어느 때든 스승께 기도를 올리는 것이 매우 중요합니다. 앉아 있을 때는 스승이 정수리 위에 계시다고 관상하고, 걸을 때는 스승이 당신의 오른편 어깨 위에 계셔서 꼬라(역자주 – 꼬라: 사원이나 탑 주변을 시계방향으로 도는 것)를 돈다고 생각하십시오. 음식을 먹을 때는 스승이 당신의 목에 계시고 음식이 전부 감로로 바뀌어 그분께 공양 올린다고 관상하십시오. 잠자리에 들면 당신의 가슴에 스승께서 네 개의 붉은 연꽃잎 위에 앉아 계시며, 뿜어져 나오는 빛은 온 우주를 감싼다고 관상하십시오. 아름다운 풍경이나 소리 등 경험했던 모든 즐거운 일들, 인생에서의 모든 환희들을 당신의 마음에 무한대로 곱하여 스승께 공양 올리세요.

처한 환경이 행복하고 잘 되어 나간다면 이것은 모두 스승의 자비함 덕분이라고 생각하시며 꿈이나 환영에서처럼 아무것도 집착할 것이 없음을 즐기십시오. 질병, 회한 혹은 합당하지 못한 취급을 받아 짓눌리게 될 때에는 이 또한 스승의 자비심 덕분임을 숙고하십시오.

이를 통하여 당신 과거생의 죄업을 정화할 수 있는 기회를 얻은 것입니다. 그리고 모든 존재들의 고통이 당신의 것에 더해져서 그들이 더 이상 고통스럽지 않기를 발원하십시오.

만약 첸레직을 악마로 본다면, 부정적인 힘의 실체에 집착하는 마음이 융해되고, 이러한 힘은 당신의 인생이나 수행에 더 이상 장애를 만들지 못합니다. 번개가 치고 바위가 굴러 내려오거나 들짐승들이 공격해도 당신의 마음이 첸레직에 대한 생각으로 가득하고 온전히 그분을 의지한다면 당신은 공포로부터 완전히 자유로울 수 있습니다. 죽음의 시간이 다가왔을 때에도 오직 첸레직만을 생각한다면 당신은 바르도의 끔찍함을 두려워할 필요가 없습니다. 그러나 만약 공포에 압도 당하여 도망치거나 숨을 곳을 찾으려 머뭇거리고 있다면, 당신의 인생은 고통 속에 놓이게 될 것이며, 바르도에서 공포의 환영을 극복하지 못할 것입니다.

모든 숭고한 현교와 밀교의 수행은 스승에 대한 헌신으로 응축되어 있으며 이 모든 것들은 마니 진언 염송에 포함되어 있습니다. 스승에 대한 헌신이야말로 깨달음의 원천이며 그것의 핵심은 구루요가라는 것을 기억하십시오. 당신의 마음을 첸레직의 본성에 계합하는 것은 모든 수행 중 가장 심오한 것입니다. 육자진언을 염송하는 것을 잊지 마십시오.

지금까지 현교의 핵심 내용을 기술하였습니다. 빼뚤 린포체께서 이제부터 밀교에 관하여 설명합니다. 밀교는 비밀승 혹은 금강승이라 불리기도 합니다. 금강승은 현교를 바탕으

로 한 수행임을 기억해야만 합니다. 그래야만 갈등을 겪지 않게 됩니다.

관정灌頂, 금강승 수행의 첫 관문

금강승 수행을 시작하기 전에 반드시 관정灌頂을 받아야 합니다. 관정은 금강승 가르침과 수행을 할 수 있는 허가이며, 관정받은 수행이 결실을 맺을 때까지 올바른 행법을 이해해야 합니다. 관정 없이 금강승 수행을 하는 것은 바위에서 기름을 짜려드는 것과 같습니다.

28 장애를 정화하고,
   구전을 받아 수행을 하고 사신四身을 성취하라.
   네 가지 관정의 정수는 바로 스승인 첸레직이다.
   만약 그대의 마음이 스승과 같음을 깨닫는다면,
   네 가지 관정은 성취된 것이니,
   스스로 관정을 받아, 육자진언을 염송하라.

그릇에 소중한 음료를 담기 전에 당신은 아마도 그릇을 깨끗하게 씻을 것입니다. 이와 마찬가지로 귀중한 가르침을 받기에 자신이 적절한 그릇인지를 확인하는 것은 매우 중요하고, 확신이 든다면 관정을 받아 정화합니다.

관정灌頂(티베트어로는 왕, 산스크리트어로는 아비셰카)은 금강승의 가르침을 듣고, 공부하고, 수행할 수 있도록 허락을 받는 것입니다. 특히, 여러 단계의 수행을 할 수 있는 권한을 부여 받게 되는데 생기차제生起次第에서는 본존을 관상하고 진언을 염송합니다. 원만차제圓滿次第에서는 내면의 요가를 수행하고 마하무드라와 족첸을 수행합니다. 그리하여 당신은 자신의 자성과 만나게 됩니다.

수많은 단계의 관정이 있지만, 네 가지 장애를 정화하기 위해 기본적으로 네 가지 관정이 있습니다. 네 가지 관정을 통하여 정화가 일어나며, 네 가지 측면의 성취를 이루게 됩니다.

네 가지 관정으로 사신四身을 성취하라

보병관정寶瓶灌頂(bum dbang)은 몸을 정화합니다. 비밀관정秘密灌頂(gsang dbang)은 말을 정화하는 관정입니다. 지혜관정智慧灌頂(shes rab ye she kyi dbang)은 마음을 정화합니다. 언어관정言語灌頂(tshig bdang)은 삼문三門인 몸·마음·말의 미세한 번뇌를 정화합니다. 이 네 가지 관정은 첸레직의 형상을 띤, 부수어지지 않는 지혜의 금강신金剛身인 스승을 존경하는 마음으로 자신의 삼문三門에 관정을 받으면 됩니다. 이 네 가지 관정의 결실은 사신四身의 성취입니다.

관정을 통하여 당신은 모든 현상의 본성이 근원적으로 청정함(원시청정, kadak trödral)을 깨닫게 됩니다. 왜 이제까지 우리와 다른 모든 존재들이 삼사라의 육도에서 셀 수 없는 고통의 형태에 괴로워하고 있을까요? 그것은 모든 것들을 근원적으로 청정하게 보는 것을 실패했기 때문입니다. 근원적 청정함은 모든 현상의 진실한 실재이며, 우리의 청정하지 못한 견해는 완전히 틀린 것으로 진리의 조그마한 알갱이조차 없는 망상입니다. 마치 꼬여 있는 새끼줄을 뱀으로 보는 것이나 저 멀리에 있는 신기루에 실제로 물이 있다고 생각하는 것과 같습니다.

이 네 가지 관정의 기능은 당신으로 하여금 모든 것의 본질이 청정함을 알게 하는 것입니다. 첸레직의 몸의 가피를 통하여 당신은 모든 우주가 정토인 포탈라 궁전임을 알게 됩니다. 첸레직의 말씀의 가피를 통하여 당신은 모든 우주의 소리(물·불·바람·동물들의 울음소리·사람들 목소리)들을 마니 만트라로 듣게 됩니다. 첸레직 마음의 가피로 모든 생각들이 깨어 있음의 나열임을 경험하게 됩니다. 첸레직의 삼문三門인 몸·말·마음 모두의 가피로 당신의 삼문이 따로 존재하는 것이 아닌, 공성과 자비의 결합인 첸레직의 본성과 둘이 아님을 깨닫게 됩니다.

자격이 있는 스승으로부터 관정을 받게 되면 당신은 반복해서 관정 받은 것을 수행해야만 합니다. 매 회마다 이해가 깊어지게 하고, 스승의 친절함에 감사하고, 혹여라도 사마야계를 어겼다면 참회해야 합니다.

보병관정을 다시 활성화할 때에는, 무량한 만다라에 두루 편재하신 첸레직을 명징하게 관상하며 진실한 신심으로 기도합니다. 비밀관정을 다시 활성화할 때에는, 강렬한 헌신으로 육자진언을 염송하십시오. 지혜관정을 다시 활성화할 때에는, 당신의 헌신으로 첸레직의 완벽한 가피를 청하십시오. 첸레직의 가슴에서 개념을 넘어선 자비가 빛으로 화하여 당신의 가슴으로 섭수됩니다.

언어관정을 다시 활성화할 때에는, 첸레직께 가슴 깊은 곳에서 엄청난 경외심으로 기도하며 그의 금강의 지혜를 청하십시오. 그 지혜는 다섯 가지 빛의 색으로 되어 있으며 그의 온몸에서 방사됩니다. 이제 그 빛이 당신의 몸에 섭수됩니다. 이렇게 하면, 당신이 받은 네 가지 관정은 네 가지 장애[48]를 청정하게 하고 사신四身을 실현하게 합니다.

관정은 또한 근根·도道·과果로 고려될 수 있습니다. 여래장如來藏(tathāgatagarbha) 즉 불성佛性은 언제나 당신 안에 있습니다. 이것은 근관정根灌頂 자체입니다. 관정을 받을 때 스승으로부터 자신 안에 내재된 불성을 직접적으로 지목 받은 제자는 점차적으로 나중에 깨달음을 얻게 되는데, 이 과정이 도관정道灌頂에 해당됩니다. 이 차제次第를 위한 방편으로 만다라[49]와 본존 등을 관상합니다.

이 특정한 수행은 이렇게 하시면 됩니다. 당신의 정수리 위에 첸레직을 관상하며 육자진언을 염송하고, 계속해서 네 가지 관정을 그분에게 받으십시오. 이렇게 함으로써 도관정道灌

頂은 과관정果灌頂을 이끌어내며 당신 안에 내재된 불성을 완벽하게 깨닫게 됩니다.

네 가지 관정의 가피와 그 힘은 장애의 정화를 위해 유지되어야 하며, 네 가지 도에 해당되는 수행이 증장됩니다. 이 주제에 관한 게송이 이어집니다.

청정한 인식

29 윤회계는 보이는 것 이상 아무것도 아니다.
모든 것을 본존으로 볼 수 있다면
다른 이들의 이익은 완성된다.
모든 것을 청정하게 보면
모든 이에게 네 가지 관정을 한 번에 주는 것이다.
윤회계의 심연을 제거하고, 육자진언을 염송하라.

보통 수준의 수행자들에게 도道는 완벽한 출리심입니다. 위대한 존재들에게 도는 완벽한 자비입니다. 상급 수준의 존재들에게 도는 원시청정, 완벽한 인식입니다. 이것이 여기서 우리가 다루고자 하는 금강승의 청정한 견해입니다.

그렇다면 청정한 견해란 무엇일까요? 우리가 경험하는 바깥 세상과 우리의 몸과 감정들은 오염되어 있습니다, 일상에서 느끼는 것들이 실재 독립체로 존재한다고 인식한다는 뜻입니다. 이 그릇된 인식으로부터 영속적인 고통인 번뇌들이 비롯됩니다. 어쨌든 이 모든 현상들을 면밀히 살펴본다면, 그것들에 진정한 실체가 없음을 발견하게 됩니다. 속제의 견해에서 본다면 나타나는 모든 현상은 원인과 결과 때문입니다. 마치 신기루나 꿈처럼 실재하는 어떤 것도 없는 그저 원인에 따른 결과가 있을 뿐입니다. 실제로 나타날 무엇도 없습니다. 이런 말이 있습니다.

"공성을 깨친 자가 진정한 성현聖賢이다."

당신이 만약 계속해서 찾아본다면 어디에도 없고, 단 하나의 원자原子도 없음을 발견하게 됩니다. 이것이 존재의 실상입니다. 실제 존재하는 것으로 보이는 것들은 윤회의 원인이 되는 망상입니다. 그러나 이 망상조차도 진제의 입장에서 본다면 실체는 없습니다. 무지 또한 본성本性이 일시적으로 가려지는 것뿐입니다.

당신이 이것을 깨닫는다면 더 이상 오염된 인식은 없고 다만, 붓다의 삼문三門과 지혜가 무한히 나투고 있음을 알게 됩니다. 그 다음에는 삼사라의 삼계三界나 고통을 진압하기 위해 노력할 필요가 없습니다. 왜냐하면 삼사라나 고통이 실제로 존재하지 않기 때문입니다. 당신이 삼사라가 신기루처럼 텅 비어 있음을 깨닫게 되면 모든 업의 패턴과 번뇌의 뿌리가 절단됩니다.

공성은 단순히 허무나 텅 빈 것을 뜻하는 것이 아닙니다. 반야경에 이르기를, 색즉시공色卽是空 공즉시색空卽是色이라 하였습니다. 즉, 공空은 사신四身과 지혜의 드러남입니다. 그러므로 모든 현상은 첸레직의 몸이고, 모든 소리는 그의 진언이며, 모든 생각은 자비와 공성의 결합인 그의 가피입니다. 당신이 현상의 진공眞空을 깨닫게 되면, 모든 것을 아우르고 싶은 마음이 절로 들게 됩니다. 자아自我라는 개념에 사로잡혀 삼사라의 고통의 바다에서 헤매고 있는 모든 존재들을 위해 개념을 넘어선 자비심이 생겨납니다. 이 성가신 자아 자체는 결코 존재를 시작한 적이 없고, 현재 어딘가에 있지도 않으며, 그리하여 멈추게 할 수도 없습니다. 아주 조금의 흔적조차도 찾을 수 없습니다. 당신이 공성의 본질을 깨닫게 될 때, 자아를 사라지게 해야 한다는 개념은 융해되고 동시에 이타심이 자연스럽고 애씀 없이 빛을 내기 시작합니다.

이제 당신은 이 시점에서 자비와 공성의 결합인 첸레직의 진정한 면모를 보게 될 것입니다. 그리고 이제부터 보살의 십지가 차례로 시작됩니다. 보살들은 찰나를 한 겁으로 늘릴 수도 있고 한 시대를 찰나로 줄일 수도 있습니다. 그들은 자연스럽고 개념을 넘어선 자비로 가득 차 있으며 어떤 행동을 하더라도, 심지어 지극히 단순한 손동작이라도 중생들에게 이익을 가져옵니다.

마술사들이 자신의 속임수에 속지 않는 것처럼 그들은 결코 현상에 속지 않습니다. 현상에는 실체가 없음을 알며, 그 사실을 인식하지 못하는 것이 망상이라는 것도 알고 있습니다. 그들은 모든 세간과 출세간의 성취를 내려줍니다. 모든 유정들을 위해 쉼 없이 일을 하고, 삼사라의 심연을 제거합니다.

간절한 마음으로 첸레직께 기도를 하고, 그의 몸에서 무한한 빛이 나와, 모든 존재들의 고통과 장애들이 제거되고 네 가지 관정을 받는다고 관상하십시오. 모든 남성들은 첸레직이 되고 모든 여성들은 제춘 돌마(따라 보살)가 되며 온 우주는 정토로 변한다고 관상하십시오. 이렇게 수행하면 모든 중생들에게 이익을 가져다 줄 수 있습니다.

윤회와 열반은 모두 당신 마음의 투영입니다. 첸레직도 마찬가지입니다. 모든 수행을 하나로 합쳐 공성과 현상들의 본질은 하나인 상태에 머물며, 육자진언을 하십시오.

생기차제生起次第, 원시청정을 깨닫다

비밀진언승은 생기차제와 원만차제로 나뉘어져 있습니다. 생기차제는 지혜의 몸·말·마음의 요가와 금강의 몸·말·마음의 요가로 구성되어 있고, 모든 현상의 원시청정을 깨닫는 것이 목표입니다. 원만차제는 마음의 본성이 개념을 넘어선 것임을 깨닫도록 이끌어 줍니다.

30 마음은 모든 수많은 관상수행을 감당해 내지 못하니,

수가타修伽陀 한 분을 관상하는 것은

모든 분들을 관상하는 것과 같다.

어떤 형상이든 그것은 자비한 그분의 모습이니

명백한 공성인 본존의 신체 영역 안에서,

육자진언을 염송하라.

생기차제의 핵심 수행은 자신과 다른 존재들을 본존으로, 우주를 만다라나 정토로 관상하는 것입니다. 이 시대의 사람들은 제한적인 지식, 짧은 수명, 게으름 등으로 인하여 밀교 수행에 있는 모든 정교한 관상을 능숙하게 하기가 어렵습니다. 이 복잡한 수행을 모두 시도하는 것은 불필요한 일이지만, 철저하게 한 분의 붓다에 초점을 맞춘 수행을 함으로써 모든 본존들의 지혜와 자비를 발견할 수 있습니다.

이제부터, 당신은 자신을 첸레직으로 관상하거나 당신의 정수리 위에 첸레직을 관상하는데, 이때 첸레직을 당신이 헌신하는 근본스승과 다르지 않다고 생각하십시오. 그의 몸은 설산 봉우리처럼 눈부신 흰색이며 태양에 반사되어 온 우주의 어두움을 제거합니다. 그의 머리는 하나이며 이는 하나의 본성을 상징합니다. 네 개의 팔은 자慈 · 비悲 · 희喜 · 사捨를, 금강좌를

하신 두 다리는 윤회와 열반이 같음을 나타냅니다. 그는 천 개의 연꽃잎 위에 앉아 계시는데 그것은 자비를 상징하고 달방석은 공성을 나타냅니다.

가슴 앞에 모아진 두 손은 보리심을, 그 손에 있는 여의주는 세간과 출세간의 성취를 나타냅니다. 다른 두 손은, 오른손에는 수정 염주를 들고 계시고, 왼손에는 흰 연꽃을 들고 계십니다. 염주는 그의 끊임없는 연민이 모든 존재의 마음을 통해 끊어지지 않는 실처럼 연장되어 있음을, 흰 연꽃은 지혜와 공성의 깨달음을 상징합니다. 그의 아름다운 몸에는 모든 크고 작은 붓다의 상징이 있으며, 수하신 보석과 비단은 화신불임을 나타냅니다.

이렇듯 생기차제의 관상 수행의 목적은 청정한 인식을 개발하기 위한 것입니다. 그것은 당신 자신과 모든 존재들을 지혜 본존으로 보고 당신이 있는 곳은 정토로, 모든 소리는 진언으로, 모든 생각은 알아차림의 표출임을 이해하는 것입니다. 이 청정한 인식은 당신이 현상에 덧씌어 꾸며낸 조작된 청정함의 개념이 아닙니다. 모든 현상들에 내재되어 있는 청정을 깨닫는 것입니다. 이것은 명상의 다양한 테크닉을 통해 점차적으로 완성됩니다. 시작부터 첸레직의 모든 형상을 뚜렷히 관상할 수는 없으므로 처음에는 그의 상호부터 시작해 나가는 것이 좋습니다.

우선 모든 중생들을 자비롭게 굽어보는 그의 두 눈의 눈동자와 흰자를, 다음에는 완벽한 아치 모양의 눈썹을, 코의 곡선을, 그리고 환한 미소를 떠올립니다. 그리고 나서 서서히 그의 머리 전체를 관상합니다. 머리는 완벽한 형태로 보석으로 장엄되어 있으며, 황금관과 귀걸이를 하고 계십니다.

이제 그의 몸과 다양한 장엄들, 세 줄로 된 목걸이, 왼쪽 어깨에 걸친 사슴 가죽은 왼쪽 가슴까지 내려와 있고, 팔찌와 발찌, 화려한 비단 스카프, 금으로 수놓아진 흰색 숄 그리고 다섯 가지 색으로 된 하의를 관상합니다. 이런 세세한 내용들을 천천히 하나씩 관상해 나가면, 언젠가 모든 것의 관상을 유지할 수 있습니다.

이제, 첸레직 몸에 있는 모든 모공을 정토로 관상하며, 이 수십억 개의 정토에 붓다께서 그의 권속들인 성문·연각·보살들과 법륜을 굴리고 계신다고 관상하십시오. 이러한 대승의 견해·명상·행위에 관한 붓다의 가르침은 육자진언의 숭고한 가르침을 기저로 하고 있으며, 그분들이 가르칠 수 있는 능력은 단 하나의 음절인 예를 들어 '옴'에 대해 수겁(劫) 동안 쉬지 않고 상세하게 설명할 수 있으며 결코 지치지 않습니다.

이러한 정토에는 오염이 없습니다. 적에 대한 증오나 친구들에 대한 집착도 없습니다. 모든 남성들은 첸레직이고 여성들은 따라 보살입니다. 모든 정토는 첸레직 화현의 나툼이며, 공성과 자비가 둘이 아님의 표현입니다.

또한 당신의 몸을 첸레직의 금강의 몸으로, 당신이 눈으로 보는 모든 바깥 환경은 첸레직의 정토로 변했다고 관상하십시오. 서방정토의 포탈라 궁전은 보석으로 장엄된 언덕·감로가 흐르는 강·여의수·보현운 등으로 경이롭게 장엄되어 있으며, 육자진언인 '옴 마니 반메 훔'을 어디에서나 들을 수 있으며 고통이라는 단어는 들어본 적조차 없는 곳입니다.

본존의 금강신金剛身을 관상할 때에는 혈액·살·뼈 등의 딱딱한 물체로 생각해서는 안 되며, 무지개·빛·아름다운 색 그리고 어떠한 물질도 없는 투명한 몸으로 관상하십시오.(역자주: 중생의 몸은 오온으로 이루어진 업신業身이지만, 본존들은 모든 것들을 정화하였으므로 투명하게 관상해야 한다.)

여기까지 첸레직의 본질인 공성의 측면에 관한 내용입니다. 그의 몸은 오염 없이 청정하며 딱딱한 고체들이 없습니다. 첸레직은 자아라는 개념이 함께 떠오를 수 있는 오온五蘊[50]을 완벽히 정화했기 때문입니다.

관상수행을 열심히 한다면 관상의 모든 세부 내용을 익숙하게 한다는 것이 어렵다는 것을 발견하게 됩니다. 만약 이 경우에 해당된다면, 단순히 당신 자신이 첸레직이라는 명확한 신념을 가져 보십시오. 이는 마음의 조작의 결과가 아닌 본질적으로 그러함을 알아야 합니다. 만약 첸레직을 정수리 위에 관상한다면, 그분이 거기에 계심을 확신하고 현존감을 확실하게 느끼는 것이 중요합니다. 각각의 세부 관상을 반복해서 하다 보면 시간이 지남에 따라 점차 익숙해지고 제법 자연스럽게 될 것이며, 각각의 세부 사항들이 마치 당신이 오랜 기간 살았던 장소처럼 빠르게 떠오르게 됩니다.

첸레직 관상이 명징하고 안정적으로 되면 그의 몸에서 빛이 시방[51]으로 방사된다고 관상하시며, 셀 수 없는 불국토에 머무시는 모든 불보살님들께 공양을 올리십시오. 이제 그 빛을 거두어 들입니다. 이때에는 모든 깨달으신 분들의 가피를 가져와서 첸레직에게로 다시 섭수하니 더욱 찬란하게 빛이 납니다. 다시 한번 그는 빛으로 화하는데 이때에 빛은 모든 존재들에게 닿아 그들의 고통이 없어지고, 위대한 지복의 지혜가 구축되며, 남·녀 모두 보살로 변하고 온 우주가 완벽한 불국토가 됩니다.

첸레직을 명상하는 동안 일반적인 생각들은 멈추게 되고 마음은 고요함에 머물게 됩니다. 만약 이때에 마음의 본성을 본다면 그 본존의 본질이 공성과 하나라는 것이 점점 명확해 집니다. 이러한 이해는 모든 현상의 본질이 공하며 완벽하게 청정하다는 인식으로 확장됩니다. 이 인식을 언제나 잘 유지하는 것이 생기차제 수행을 하는 목적입니다.

금강의 말, 염송 수행

31　진언염송, 명상 의궤집

그리고 강력한 주문들은 그저 복잡할 뿐이라,

다르마의 소리는 육자진언에 모두 포함되어 있다.

모든 소리들은 숭고한 첸레직의 말씀이 아닌 것이 없으니,

이 모든 소리들은 만트라,

울려 퍼지는 공空의 소리임을 알고,

육자진언을 하라.

금강승 수행의 주된 수행 중 하나는 만트라(진언)입니다. 만트라는 산스크리트어로 되어 있는데 소리의 영역에서는 형상의 세계에서 본존을 관상하는 것만큼 중요합니다. 만트라는 여러 종류가 있는데, 알아차림 만트라, 비밀 만트라 그리고 다라니가 있고, 근접 만트라, 성취 만트라 그리고 네 가지 불사를 완성하는 만트라가 있습니다.

만트라들 중 '육자진언'은 월등하다고 볼 수 있습니다. 작용뿐만 아니라 힘과 가피력을 포함해서 말입니다. 예를 들어, 과거의 위대한 수행자 까르마 착메[52] 같은 분은 경전의 어디에서도 마니보다 더 이익이 되거나, 핵심적이거나, 쉬운 진언을 찾을 수 없다고 했습니다. 그리하여 그들은 이 만트라를 주수행으로 택하였습니다. 이 만트라의 소리를 듣는 것만으로도 존재들은 삼사라에서 자유로워지기에 충분합니다. 예를 들어 보겠습니다.

옛날에 구더기 오백 마리가 더럽고 악취 나는 구덩이에서 살아나려고 몸부림치고 있었습니다. 이들에게 연민을 느낀 첸레

직은 황금색 벌로 모습을 나투어 구덩이 위를 날아다니며 '육자진언' 만트라를 염송하였습니다. 그 구더기들은 육자진언의 소리를 듣고, 고통으로부터 온전히 해방되었으며 천상계에 태어났습니다.

'육자진언'은 그저 단순한 단어의 울림이 아닙니다. 그것에는 모든 존재를 향한 첸레직의 축복과 연민이 깃들어 있고, 사실 첸레직이 소리로 드러난 형태입니다. 지금 우리의 악업으로 인하여 정토에 계신 첸레직을 뵙는 것에 장애가 됩니다. 그러나 우리는 그의 만트라를 듣고, 염송하고, 읽고, 금으로 사경을 할 수 있습니다. 본존 자체와 그의 정수인 만트라는 차이가 없으므로 이러한 수행들은 많은 이익을 가져옵니다. 육자진언은 첸레직의 육바라밀의 표현입니다. 그가 말하였듯이 누구든지 육자진언을 하면 육바라밀을 완성하게 되고 모든 업이 정화됩니다.

이 만트라의 염송 수행을 하기 위해서 우선 앞에서 설명 드렸듯이 첸레직을 관상하십시오. 최대한 명징하고 생동감 있게 하십시오. 다음 첸레직의 심장에 여섯 개의 잎으로 구성된 연꽃과 그 위에 보름달처럼 둥근 달방석을 관상하십시오. 달방석의 중앙에 종자자 '흐릿HRI' 자가 서 있습니다. 흐릿 자는 육자진언으로 둘러싸여 있고, 진언들은 진주 목걸이처럼 연결되어져 시계방향으로 돌고 있습니다.

각각의 진언들에서 빛줄기들이 방사되어 보게 될 서방정토와 다른 무한한 모든 정토들에 공양을 올립니다. 각각의 빛들은 수많은 공양을 올리는데, 예를 들어 팔길상, 여덟 가지 보석, 일곱 가지 보배로운 상징물, 여의수, 보병, 그리고 보현운을 각각의 정토에 계신 불보살님들께 허공을 메울 만큼 올려드리십시오. 붓다들께서 당신이 올린 공양물들을 받아들이며 공덕과 지혜 자량이 쌓이도록 도와주십니다.

그런 후 빛은 되돌아와 감로수의 형태로 바뀌어 모든 붓다들의 지혜, 힘, 사랑이 담긴 가피가 신·구·의 삼문에 내려지고, 다시 첸레직 가슴의 만트라로 섭수됩니다. 첸레직은 마치 황금을 사프란 물로 씻은 듯 더욱 빛으로 환해집니다.

다시 만트라로 돌아온 빛들이, 열과 추위에 고통 받는 지옥세계, 만족이 없는 굶주림과 목마름에 시달리는 아귀계, 극도의 어리석음과 노역 학대에 시달리는 축생계, 생로병사로 인해 고통 받는 인간계, 질투와 불화가 끊이지 않는 아수라계, 즐거움과 쾌락의 세계로부터 삼악도로 떨어져야만 하는 천상계, 이 육도의 모든 고통 받는 중생들의 고통을 없애줍니다. 이 모든 참혹함은 만트라로부터 방사되는 빛에 의해 제거됩니다. 마치 아침 햇살이 얼어 붙었던 겨울 들판을 녹이듯…. 모든 존재들은 첸레직으로 변하고, 당신이 있는 환경이 그리고 전 우주가 포탈라 궁전으로 변합니다.

모든 존재들의 이익이 이런 방식으로 이루어진 다음, 빛들을 거두어 들여 첸레직이 된 자신에게 섭수합니다. 당신 몸에 있는 모든 땀구멍에 헤아릴 수 없는 수의 정토가 있고, 각각의 정토에서는 육자진언이 울려 퍼집니다. 깨져서 열려버린 벌집에서 백만 마리의 벌떼들이 내는 소리처럼 진언 소리의 진동은 모든 허공을 메웁니다.

진언 소리는 무지를 없애고 모든 부정적인 힘을 누릅니다. 이는 성문聲聞들의 명상 상태를 깨우고 그들을 대승으로 이끌어 줍니다. 이는 보살들께 공양을 올리는 소리이며, 그분들로 하여금 중생들의 이익을 위해 계속해서 불사를 하시도록 권유드리는 소리이며, 호법신들께 가르침을 수호하고 모두의 행복과 이익이 증장되도록 청하는 소리입니다.

바람과 강물 소리, 불꽃이 타며 내는 지직거리는 소리, 동물들의 울음 소리, 새 소리, 사람들 목소리, 이 모든 소리는 우주의 소리이며 육자진언의 진동이며, 다르마가 스스로 일어나는 소리이며, 공空의 소리이며, 아직 나지 않은 법신의 공명입니다. 진언을 통해서, 세간과 출세간[53]의 금강의 말 수행이 애씀 없이 성취됩니다.

금강의 마음

32 생각과 두 가지 장애가 진정될 때,
체험과 깨달음이 증장된다.
그대의 인식을 통제할 수 있게 되면

적들과 장애를 정복할 수 있다.
그것은 첸레직께서 이 생에서
세간과 출세간의 성취를 부여해 주었기 때문이다.
네 가지 사업(식증회주息增懷珠)이 저절로 성취되리니
육자진언을 하라.

어떤 것이라도 실체가 없습니다, 진실하고 영구적으로 존재하는 것도 없습니다. 윤회와 열반의 모든 현상들, 심지어 본존의 모습을 본다거나 만트라 소리가 들려와도 모두 마음의 투영일 뿐입니다. 만약 당신이 이 마음의 본성을 찾는다면 발견할 수 있습니다. 반야경에 이렇게 나와 있듯이 말입니다.

마음,
마음은 존재하지 않는다.
마음은 명징함의 표현일 뿐이다.[54]

우리가 흔히 말하는 마음은 망상, 오염된 마음을 뜻합니다. 탐·진·치 삼독이 휘저은 소용돌이로 인한 격한 마음입니다. 이 마음은 깨달은 의식이 아니라 하나의 망상이 지나가고 다른 망상이 오는, 망상에 사로잡힌 마음입니다. 적이나 친구를 갑자기 만나는 등의 예기치 못한 상황이 촉발 요인이 되어 증오나 집착 또한 경고 없이 들이닥칩니다. 그들을 적절한 해독제

로 즉각 진압하지 않으면 신속하게 뿌리를 내려 증식합니다. 그리고 마음에 증오나 집착이 습관적인 우위를 강화하고 업의 패턴을 더욱 증장시키게 되어 버립니다.

비록 생각들이 무척 강해 보이기는 하나, 생각은 그저 생각일 뿐이고 결국에는 공성으로 섭수됩니다. 한번 마음의 본성을 깨닫게 되면, 마치 구름처럼 잠시 나타났다 곧 허공으로 사라지듯 이 생각들의 나타났다 사라짐으로 인한 괴로움에서 벗어나게 됩니다. 그러므로 망상이 올라와 잠시 머물다 마음의 공성으로 사라집니다. 마음의 본성에는 아무것도 일어나지 않은 것입니다.

햇살을 받은 수정이 무지개 색을 만들어 내지만 우리가 잡을 수 있는 물질이나 실체가 없습니다. 마찬가지로 모든 생각들의 끝이 없는 다양성들인 헌신, 자비, 해로움, 욕망 등에는 실체가 없습니다. 이것이 바로 첸레직의 마음이지요. 공성 이외의 다른 생각은 없습니다. 당신이 생각의 본질을 깨닫는 순간에 그것들이 용해됩니다. 집착과 증오 또한 더 이상 마음을 괴롭히지 못합니다. 망상과 같은 감정들도 스스로 자멸합니다. 부정적인 행위들이 쌓이지 않으므로 고통 또한 생기지 않습니다. 이것이 정화의 극치이며 네 가지 사업 중 첫 번째인 식息입니다.

만약 당신이 신·구·의 삼문으로 수행을 할 때 생각의 먹이가 되지 않는다면 첸레직의 자비와 당신에게 내재된 불성이 만나서 하나로 됩니다. 헌신과 자비가 함께하는 명상 상태는 마치 돋보기에 햇살을 모으듯 더 강하게 지속됩니다. 이것이 증장의 정점이며 네 가지 사업 중 두 번째 사업인 증增입니다.

한번 당신이 윤회와 열반의 모든 현상이 단지 마음의 조작이며, 마음의 본성은 공하다는 것을 보게 되면 오염된 인식이 청정한 인식으로 변하는 것에 문제가 없습니다. 모든 현상들이 그저 원시청정으로부터 나타나게 되는 것입니다. 이 깨달음은 일반적으로 모든 현상에 제한 없이 적용되며 특히, 깨우친 존재들의 십자재十自在[55] 등을 얻을 수 있게 됩니다.

"자신의 마음을 조복 받으면 모든 현상을 통제할 수 있다"라는 말이 있습니다. 한번 망상의 힘으로부터 자유로워지면 당신은 마음대로 그 요소들을 변화시킬 수 있고 무한한 하늘의 보장(nam-mkha' mdzod)[56]을 터득하게 됩니다. 인도에서 끔찍한 기근이 있을 때 위대하신 나가르주나(용수 보살)께서 철을 금으로 바꾸었습니다. 이것으로 모든 승가를 유지하고 많은 새로운 사원을 짓게 되었습니다.[57] 84명의 대성취자들이 보여준 모든 기적들은 그들의 힘이 공성을 깨달음으로 인하여 현상을 바꿀 수 있다는 것과 망상과 미혹으로부터 자유로워진 것을 나타냅니다. 마침내 깨달음 자체가 오게 되며 이것은 네 가지 사업 중 세 번째인 회壞입니다.

한번 오염된 마음을 진압하면, 더 이상 악령이나 번뇌가 머물 항구가 없습니다. 한번 보리심이 물들게 되면 예전에 악령이나 장애로 인식된 것들이 당신 스승의 화현임을 보게 되고 이를 통하여 자애와 연민이 더욱 강해집니다. 이렇듯 고통은 옅어져 가고 번뇌, 장애 그리고 어려움들을 당신의 수행으로 승화시킬 수 있게 됩니다. 이것이 진압의 절정이고, 네 가지 사업 중 네 번째인 주珠입니다.

생기차제를 통하여 첸레직을 관상하고 만트라를 염송하며 당신은 그의 지혜를 깨닫게 됩니다. 이 깨달음의 불꽃으로부터 지혜는 건조한 숲의 화염처럼 증장합니다. 이것은 원만차제의 핵심이기도 합니다. 이 수행을 통해서 마음을 조복 받고 네 가지 사업이 저절로 성취됩니다. 장애와 해악, 고통과 질병들이 정화되고, 수명·공덕·이익과 지혜가 증장됩니다. 사람, 생각 그리고 내부의 에너지가 당신의 힘에 의해 장애 없이 진압됩니다. 모든 번뇌, 원한들, 장애들과 내부의 악마인 감정들을 조복 받게 됩니다.

후명상後暝想의 중요성

금강승의 심오한 의미를 온전히 경험하기 위해서는 실제 명상 시간뿐만 아니라 언제나 수행을 유지하는 것이 매우 중요합니다. 수행 시간과 다음 수행 시간과의 사이를 따로 분리해서 생각할 수도 있겠지만, 명상의 목적 자체는 우리가 보았듯이 나타나는 현상들이 본존의 형상이고, 모든 소리는 그의 만트라이며, 모든 생각은 법신임을 인식하는 것으로, 비어 있으며 빛나는 마음의 본성을 깨닫는 것입니다.

이제 명상과 명상 사이의 시간으로 돌아가 보세요. 당신이 무엇을 하든 일상의 습관에 사로잡히지 않고 이 인식을 유지해야만 합니다. 그렇게 함으로써 명상 동안 얻은 것들을 개발할 수 있습니다. 이렇게 하다 보면 모든 당신의 행동은 금강승의 견해, 명상, 행위와 연결될 것입니다.

33 일어나는 모든 것을 똘마(torma)로 삼아
    즉각 해탈이라는 손님들께 공양 올리라.
    일어나는 모든 현상이라는 찰흙으로
    현공일여顯空一如라는 차차(tsatsa)를 만들라.
    자성의 주인에게 비이원의 절을 올려라.
    위의 수행을 마치고, 육자진언을 하라.

명상 시간과 시간 사이, 당신이 하는 모든 것들이 다르마와 조화를 이루도록 하십시오. 이렇게 하면 견해를 깊이 있게 이해하는 것에 도움이 됩니다. 만약 명상을 끝내자마자 다른 일을 시작하여 급증하는 생각들을 그냥 내버려둔다면 당신은 망상에 의해 이리저리 끌려 다니게 되고, 명상은 전혀 진전이 없습니다. 예를 들어 자신은 엄청난 혼침이나 거친 마음, 산란함 등 모든 종류의 장애들에 대항하여야 합니다. 그러므로 언제든 시간이 날 때에는 절을 하고, 성지 순례를 하고, 똘마(역자주: 혹은 또르마라고 발음되기도 한다. 밀가루 혹은 보리가루와 버터를 섞어 반죽을 하고 모양을 내어 만든 것으로 주로 티베트 불교의 밀교 의식이나 공양에 쓰인다. 이 반죽은 여러 색깔로 물들여 목적에 맞는 모양을 만드는데 대부분 원뿔 형태이다.) 공양을 올리고 차차를 빚으십시오. 이것만이 오직 진정으로 의미 있는 것입니다.

네 부류의 손님에게 똘마 공양[58]을 올리십시오. 네 부류의 손님이란, 경배의 대상인 삼보, 호법 신장들, 자비의 손길이 필요한 모든 중생, 업으로 빚을 진 나에게 장애를 주는 영가들입니다. 적절한 똘마 공양을 올리고, 다라니와 만트라 염송으로 축원하면 그들에게 헤아릴 수 없는 이익을 줍니다.

또한 물공양에 관한 지침도 있습니다. 삼보께 똘마 공양을 올리면 두 가지 자량을 완성할 수 있습니다. 호법신장들께 올려 그분들을 즐겁게 하고 불사를 돕도록 청합니다. 모든 중생들에게 공양을 올리며 모든 고통에서 벗어나기를 기원합니다. 업으로 얽혀 빚을 갚아야 할 대상에게 공양을 올리며 전생부터의 빚을 갚고, 우리는 질병과 악령, 모든 장애에서 벗어나 자유로워집니다.

차차는 자그마한 스투파[59](불탑)인데 일반적으로 찰흙을 조형틀에 조성하는 것으로 법신인 붓다의 마음을 상징합니다. 아티샤 존자께서는 하루에 세 개의 차차를 직접 만드셨고 이것이 매우 유익한 불사라고 하셨습니다. 만약 찰흙으로 차차를 만들 시간이 없다면, 사대원소인 지수화풍地水火風을 이용하여 만드는 지침이 있으니 참고하시면 됩니다. 차차를 공양 올리는 것은 또 다른 방법으로 두 가지 자량을 성취하는 것입니다.

만약 물질적인 공양을 올리지 못한다면 언제나 마음으로 올리면 됩니다. 우주의 모든 아름다운 것들, 해와 달, 꽃, 향기, 새의 노랫소리, 그리고 물질적인 공양 대신에 당신의 마음이 첸레직의 마음을 인식하고, 당신의 몸을 청정한 감로로 관상하여 앞서 언급한 네 부류의 손님들께 공양 올려 보십시오.

첸레직이 당신이 공양을 올리는 대상이고, 명상의 주제이거나 헌신으로 절을 올리는 대상이라면 헤아릴 수 없는 이익이 있지만, 앞에서 살펴 보았듯이 모든 현상은 마음의 투영입니다. 그러므로 공양을 올리는 이나 공양의 대상이나 그리고 공양 그 자체는 실체로 존재하는 것이 아닙니다(역자주: 삼륜三輪이 공空함을 뜻함). 그러므로 위대한 보살들은 보시 바라밀과 나머지 바라밀을 수행합니다. 그는 모든 행위들이 실체가 없는 환영이나 꿈 이상이 아니라는 것을 압니다. 그는 광대한 공양을 올리고 끝이 없는 공덕을 쌓지만 집착 · 아만 · 거만으로부터 완벽히 자유로운 상태에 머뭅니다.

사랑보다 더 큰 힘은 없다

34 사랑이라는 무기로 적과 증오를 극복하라.
　　자비를 방편으로 육도의 존재들인 가족을 보호하라.

헌신이란 들판에서 체험과 깨달음의 농작물을 수확하라.
그대 인생의 일을 마치고, 육자진언을 염송하라.

세간의 가치를 따른다면 적과 싸워 이기고, 가족을 보호하고, 부를 축적하고 번영하는 것을 잘사는 것이라 합니다. 그러나 붓다께서는 우리 자신을 이기는 것이 적을 이기는 것보다 중요하고, 가족을 돌보는 것보다 인내심을 기르는 것이 낫고, 물질적인 풍요를 구하는 것보다 사랑과 자비를 실현하는 것에 더 비중을 두라고 하셨습니다.

"증오보다 더 큰 악마는 없고 인내보다 더 큰 미덕은 없다"는 말이 있습니다. 비록 아주 짧은 순간이나마 분노는 셀 수 없는 겁 동안 쌓아 놓은 공덕을 무너뜨리고 극한 고통의 지옥으로 가게 됩니다. 반면 당신을 해하려는 이에게 인내심을 지니고 그들의 행복을 빌어주면 단숨에 모두 정토로 가는 길에 들어서게 됩니다.

원수에게 크나큰 사랑을 베푸는 것보다 더 나은 방법은 없습니다, 전생 중에 그들이 당신이 사랑하는 부모였다는 것을 잊지 마십시오. 당신은 가족이나 타인을 돌보는 일에 열중하겠지만, 다르마를 수행하는 것과 쌓은 공덕을 일체중생을 위해 회향하는 것보다 나은 것은 없습니다. 헌신이라는 씨앗을 심어 그것이 무르익어 공덕과 지혜가 풍부하게 증장되는 것보다 더 나은 수확은 없습니다.

"악惡은 오직 자비에 의해서만 진압된다"라는 말이 있습니다. 그래서 이 세상에 벌어지는 모든 문제들을 마주할 때, 증오에 사로잡혔거나, 오직 해치기만을 바라거나, 살생 그리고 파괴를 원하는 인간과 인간이 아닌 존재들을 위해 진언을 염송하고 기도해야만 합니다. 또한 숭고한 보리심이 싹틀 수 있도록 그들을 자비로 어루만지십시오.

붓다께서 마라를 만났을 때 사랑의 힘이 악을 제압하는 장면이 나옵니다. 붓다께서 깨달음을 얻기 하루 전, 인도의 금강좌인 보드가야의 보리수 나무 아래 앉아 계셨을 때 악마의 왕인 마라의 군대가 몰려와 커다란 검은 구름처럼 둘러쌌습니다. 그들은 악의에 차서 붓다를 모욕하고 소리 지르고 무기를 던졌으나, 붓다께서는 고요함에 머무셨습니다. 그분의 자비로운 마음은 그들의 모욕을 아름다운 멜로디로 바꾸었고 포악한 무기들은 꽃비로 변하게 했습니다. 사랑과 자비라는 무기는 악의를 격파하고 적대감과 공격은 당신의 보리심을 증장시킵니다.

친절한 마음을 갖는다는 것은 사람들이 고통에서 벗어나 행복을 즐긴다는 것이 얼마나 아름다운 것인가를 계속해서 생각하는 것입니다. 또한 실제로 그렇게 되기 위해 말과 행동 모두에 주의를 기울이는 것을 의미합니다. 예전에 존귀하신 아티샤 스승께서 손가락이 아파 고통스러웠습니다. 아티샤께서 그의 제자 돔된빠의 무릎에 손을 올리며 이렇게 말씀하셨습니다.

"나의 손에 가피를 해 다오. 그대는 무척 친절한 마음을 가지고 있어서 그 마음만으로도 통증 완화가 되는구나.”

윤회계에는 셀 수 없이 많은 존재들이 떠돌고 있습니다. 완전히 길을 잃고 방황하며 너무도 간절히 당신의 도움을 필요로 하고 있습니다. 수많은 전생 중에 한 번 이상은 사랑하는 부모였을 고통받는 그들을 마땅히 도와야 하지 않겠습니까? 그렇다면 어떻게 도와야 할까요?

비록 당신이 경제적 능력이 있어 물리적 편안함을 준비할 수 있다 해도 완전한 것이 아니고 그들은 고통으로부터 잠시의 휴식을 취할 뿐입니다. 도울 수 있는 모든 방법을 다 동원해 더욱 깊게 생각해 보십시오. 그 어떤 선물도 다르마보다 더 큰 선물이 될 수 없습니다. 금생뿐만 아니라 미래에 악도에 떨어지지 않도록 도울 수 있고 마침내 해탈로 이끌 수 있는 선물입니다.

당신의 선한 의도로 감싸는 수많은 존재들의 숫자가 많을수록 당신의 공덕 또한 증장됩니다. 만약 당신이 무엇을 하든 현생의 이익 추구에 대한 관심을 끊고 궁극적으로 모든 존재들이 잘 되기를 바란다면 첸레직의 예를 따라가십시오. 이것을 우리는 “금생의 일을 마쳤다”라고 부릅니다.

죽음을 위해 선업을 완성하라

35 비집착의 불 속에 실제라 여기며 매달렸던
     오래된 시체를 불태워라.

다르마의 핵심을 수행함으로써 매주 장례식을 치러라.
연기가 올라가면 그대의 공덕과 그들의 미래생을 위해
모두 회향하라.
죽음을 위해 선업을 완성하고,
육자진언을 염송하라.

티베트에서는 누군가 죽음을 맞으면 화장을 합니다. 그리고 매주 한 번씩 7주 동안 기도를 하고 망자를 위해 공양을 올리는 것이 관례입니다. 수행자로서 망자를 위해 할 수 있는 가장 좋은 것은 다르마의 핵심적인 의미를 명상하고 공덕을 그에게 회향하는 것입니다.

다르마의 심장과도 같은 핵심적인 의미는, 어떤 것도 자체로 존재하지 않는다는 것입니다. '삼사라'라는 나무의 뿌리는 자아가 있다고 믿습니다. 그것들이 실제 존재한다고 믿고 매달리며 의지함으로 자아 집착이 생깁니다. 이 집착이 지혜라는 불에 타게 되면 나무 전체와 망상이라는 나뭇가지, 집착과 증오라는 잎사귀들이 모두 타버립니다.

이 내용을 이해하지 않고, 그저 돈을 위해서 혹은 남에게 보이기 위해 의식을 행하는 것은 당신의 수행을 지연하는 역할을 하게 되며 결국 심각한 장애가 될 수 있습니다. 부와 명예는 본질적으로 공허한 목표임을 잊지 마시고 계속해서 수행에 힘쓰고 헌신하기를 바랍니다. 시체를 보면 이생에서 집착할 것은 없음을 깨닫게 되는데 그 사실을 잊지 마십시오. 인생은 불완전하고 거품처럼 언제 터질지 모릅니다. 내일 아침과 죽음 중에 어떤 것이 먼저 올지 알 수 없지요. 사실 매번 숨을 쉴 때 다음 번 숨을 다시 쉴 수 있을는지도 확신하기 어렵습니다.

49재 기간 동안 아침 저녁에 정기적으로 두 가지 수행을 하면 좋습니다. 매일 아침, 보리심을 발하고 하루 종일 타인의 이익을 잊지 않겠다고 기도하십시오. 저녁에는 하루 동안 당신이 했던 모든 생각과 행동을 반추하고, 그것이 얼마나 자비심에 동기를 두었나 혹은 얼마나 이기적이었나를 숙고합니다. 당신의 가장 미세한 태도를 들여다 보는 것과 무엇을 해야 할지와 하지 말아야 할지를 결정하기 전에 그 마음의 의도를 보는 것이 무척 중요합니다.

사소한 일이라고 해서 절대 간과해서는 안 됩니다. 아주 작은 부정적인 행위일지라도 엄청난 사슬이 되어 돌아올 수 있습니다. 마치 작은 불꽃이 숲 전체를 다 태울 수 있는 것처럼 말입니다. 반대로 작은 물방울들이 모여 물병을 채우듯 하나의 작은 선행들이 쌓여 큰 결과로 나타납니다. 이런 방법으로 당신의 실수를 인정하고 진심으로 참회하고 앞으로는 이기적인 생각과 행동들을 하지 않겠다고 다짐하십시오. 동시에 선행을 행한 공덕은 일체중생을 위해 회향하시면 됩니다. 위의 행위들을 지속적으로 하다 보면 당신은 어느덧 긍정적으로 변해 있을 것입니다.

과거의 위대한 현자 닥첸은 그의 모든 결점을 없애야겠다고 마음 먹었습니다. 그는 흰돌과 검은돌을 여러 개 준비하여 부정적인 생각이 들면 검은 돌을 쌓고, 선한 생각이 들면 흰돌을 쌓아야겠다고 결정했습니다. 첫날에는 모두 검은 돌들만 모였는데 날이 갈수록 하얀 돌들이 섞이기 시작했습니다. 계속적인 알아차림으로 점차 반반씩 되었다가 마침내 모두 하얀 돌만 모였습니다. 그처럼 우리도 가르침에 어긋나는 행동이 남아 있어서는 안 됩니다. 이 방법으로 당신을 정화하는 것을 잊지 마시고, 모든 존재들에게 도움이 되려는 의도를 유지하는 것이 중요합니다.

만약 우리가 오랫동안 고집을 부린다면 어떤 것도 배울 수 없습니다. 예전에 부유한 남자가 붓다를 뵈러 왔습니다. 그는 정말 작은 것조차 남에게 줄 수 없는 자신의 인색함을 괴로워했습니다. 그에게 관대함이 배어들게 하기 위해 붓다께서는 이런 가르침을 주셨습니다.

"오른손을 자신이라고 생각하고 왼손은 타인이라고 생각하라. 오른손에 작은 선물이 있다고 생각하고 그것을 왼손에게 주어라."

구두쇠가 점차 이런 식으로 주는 행동에 익숙해졌을 때 붓다께서 과일이나 곡식 같은 작은 선물을 준비하여 부인과 아이들에게 주도록 하였습니다. 그리고나서 작은 금액의 기부를 가장 가난한 이웃들에게 하라고 하셨고, 점차 범위를 넓혀 나갔습니다. 마침내, 그는 그의 모든 부와 옷들 그리고 음식들을 마을 전체의 가난한 사람들에게 나누어 주었습니다. 붓다께서는 그에게 진정한 보시를 이루었다고 하셨습니다.

이런 비슷한 방식으로 긍정적인 생각을 개발하거나 부정적인 생각을 없애는 훈련을 할 수 있습니다. 헌신의 예를 들어 보겠습니다. 당신의 마음 안이 오직 스승에 대한 생각으로 가득하다면, 자연히 무슨 일이 생기더라도 당신이 온전히 스승의 손안에 있음을 느끼게 됩니다. 심지어 스승을 떠올리거나, 그분의 목소리·몸짓 등을 생각만 해도 당신의 눈에 눈물이 흐르게 되지요. 진정한 헌신이 발아할 때, 그것을 잘 보시고 마음의 본성을 인식하며, 형상과 성품에 매이지 마십시오.

36 헌신이라는 그대의 아이를 바쳐라.
    헌신은 수행의 관문이니,
    출리심이라는 그대의 아들을 바치고 세간의 일을 마쳐라.
    자비라는 그대의 딸을 삼계三界의 신랑과 결혼시켜라.
    세간에서 할 일을 마치고, 육자진언을 하라.

마을 사람들은 자신의 아이들을 최고로 키우고 싶어 합니다. 좋은 혼처를 알아보고 아이들이 부자로 잘살기를 바라고 가족의 이익을 돌보고, 친척과 친구들을 다루는 법과 적들을 이기는 방법을 알려줍니다. 그들의 조상들이 세대를 거쳐 했듯이 말입니다. 그러나 이런 세간적인 성공은 그저 잠시일 뿐 궁극적으로는 해롭다는 것을 알아야 합니다. 수행자로서 진정 바라야 할 점은 당신의 마음에서 흔들림 없는 헌신이라는 아이가 태어나게 하는 것과 수행이라는 집안 일을 잘 관리하는 것입니다.

사람들은 자신의 집이 황폐해지는 것과 자손이 끊길까 두려워 아이들을 일찌감치 결혼시키려고 합니다. 그러나 수행자로서 두려워해야 할 점은 당신의 수행이 죽을 것이라는 것과 인생이 허비되는 것이므로, 당신의 마음에서 출리심이라는 아들을 낳으려는 동기를 부여해야 합니다. 그리고 출리심이라는 아들이 가장으로서 일상생활에 대한 권한을 맡을 수 있도록 해야 합니다.

출리심은 더 이상 윤회계에 궁극적인 만족이 없다는 것을 알게 될 때 생깁니다. 세간의 즐거움은 짧은 꿈과 같아 성공을 기대하거나 실패를 두려워할 이유가 없습니다. 만약 부자가 되었다면 부에 집착하거나 자만할 이유가 없습니다. 그저 그 부유함을 긍정적으로 의미 있게 사용하면 됩니다. 당신이 권력과 힘을 얻게 되면 삼보와 스승들을 잘 섬기고, 당신이 땅을 가지게 되면 승가의 이익을 위해 사용하며, 요컨대 당신이 얻는 것은 무엇이든 다르마의 보존과 타인의 이익을 위해 사용하도록 하십시오. 이렇게 하다 보면 꿈과 같은 부유함과 권력은 점점 꿈과 같은 공덕을 짓게 되어, 점차 꿈과 같은 깨달음으로 점점 가까이 가게 되는 문턱이 됩니다.

대체적으로 부모들은 딸들이 부유하고 지위가 있는 집안으로 시집가기를 바랍니다. 마찬가지로 유정들을 위대한 사랑과 친절로 대하고, 타인을 이롭게 하는 신랑과 공덕 자량이 쌓인 당신의 딸을 결혼시키십시오. 만약 당신이 보리심의 소중한 마음을 지녔다면 그들을 도울 수 없을지는 몰라도 의미 있는 인생으로 이끌어줄 수 있습니다. 그러므로 당신의 모든 행동은 자비로 무장하고, 오염은 정화하고, 공덕은 모든 존재들을 위하여 회향하고, 육자진언을 하십시오.

개념을 넘어서는 깨달음, 원만차제圓滿次第

마음자리가 그대로 법신法身

37 모든 현상은 망상이며 실재하지 않는다.
　　윤회와 열반은 그저 생각일 뿐 그 이상은 없다.
　　만약 떠오르는 생각들을 자유롭게 할 수 있다면
　　도의 모든 차제가 포함되어 있다.
　　생각을 자유롭게 하기 위하여 핵심 가르침을 행하며,
　　육자진언을 하라.

이제 우리는 대원만 수행(족첸)의 가르침 중 하나인 개념을 넘어서는 수행인 원만차제에 이르렀습니다.

『삼마지왕경三摩地王經』에 다음과 같은 말씀이 있습니다.

"우리는 태어나지 않은 땅(불생의 근본, 법계)을 반드시 이해해야만 합니다. 우리의 몸, 집, 차 등 우리가 인식하는 모든 여러 가지 것들에 어떠한 실체가 없음을 말입니다."

만약 당신이 어떤 것이든 면밀히 관찰해 보면 그것이 태어났다는 것과 어딘가에서 계속 존재하리라는 것을 찾을 수 없고, 언제 사라지는지가 찾아지지 않음을 보게 됩니다. 이것은 마치 태양 광선이 소나기를 만나 무지개를 만들듯 단지 원인과 조건이 만나 일시적인 조합을 이루어낸 것에 의해 특정한 현상이 나타나게 된 것일 뿐입니다. 만약 나타나는 현상들이 끝도 없는 환영의 표출이라는 것에 확신이 들고 그것들의 본질이 공空함을 안다면, 그 자체가 원만차제의 궁극입니다.

우리 중생들은 윤회와 열반의 모든 현상이 처음에 탄생하여 존재하였다가 사라진다고 확신하고 있습니다. 그러나 만약 이것을 중관의 논리를 적용시켜 철저하게 분석한다면 무엇이 되었든 가장 작은 입자도 발견할 수 없다는 것을 알게 됩니다. 한 번 이 내용을 이해하면 삼사라에서 마음을 내려놓기가 쉬워지고 열반에 대한 열망으로부터도 자유로워집니다. 이 두 가지는 단지 분별심의 투영일 뿐입니다. 붓다의 눈으로 본다면 자량을 쌓는 것과 바라밀 수행 모두 본질적인 실체가 없겠지요.

우리는 사물들이 항상하다고 믿는 것을 선호하겠지만 실제로는 그렇지 않음을 잊지 마십시오. 어제의 기쁨이 오늘의 슬픔으로 변하고, 오늘의 눈물이 내일의 웃음으로 변할 수 있습니다. 서로 다른 원인과 조건의 작용으로 감정, 좋고 나쁜 행위, 행복과 고통이 모두 형태를 취하여 나타납니다.

깨우친 분들은 이 세상을 환영으로 보지만, 우리들은 모든 것들이 실제로 존재한다고 봅니다. 신기루처럼 실체가 없고 어제 꿈에 정복했던 왕국에 불과할 뿐인 이 세상을 말입니다. 우리가 그것을 진실이라 굳게 믿기 때문이며 이 물질계의 형상을 가진 존재들에서 좋고 싫음을 강하게 느끼기 때문입니다. 이러한 믿음이 없다면 우리 마음은 이 모든 환영의 대상이 될 필요가 없으며 삼사라 또한 없을 것입니다.

우리들의 마음은 쉼 없이 변덕스러운 원숭이와 같아 순간적인 기쁨에 음식을 주기도 하지만 갑자기 화가 나서 때리기도 합니다. 마음은 매순간 새로운 것을 찾아 옮겨 다닙니다. 한순간 가득한 헌신으로 스승을 떠올리다가도 어느 순간 갖고 싶은 물건을 생각합니다. 이 생각의 고리들과 마음의 상태는 바람이 불어 구름의 형태가 바뀌듯이 매순간 변합니다. 그럼에도 우리는 그것들에 큰 무게를 두고 중요하게 여깁니다. 아이들의 놀이를 지켜보는 노인은 어떤 일이 진행되든 전혀 중요하지 않다는 것과 그들의 놀이에서 신이 나거나 화날 일이 없다는 것을 잘 알고 있습니다.

그러나 아이들은 이 놀이를 무척 진지하게 받아들이고 있습니다. 그 아이들처럼 고통을 경험할 때 화내거나 우울해 하지말고, 우리들이 과거에 행했던 악업에 대한 꿈과 같은 결과로보고 타인들의 고통을 내가 가져오는 기회로 삼으십시오. 우리는 자신에게 이런 말을 하곤 합니다, '내가 수행을 많이 했는데이런 고통을 받는다는 것은 있을 수 없는 일이야'라며 스승과삼보의 가피를 의심하기 시작합니다. 이런 의심은 갈등을 더욱증폭시킬 뿐입니다.

마음은 윤회와 열반 모두를 만듭니다. 그곳에는 생각 외엔많은 것들이 있지 않습니다. 한번 생각의 본질이 공함을 알게되면 마음은 더이상 당신을 속일 수 있는 힘을 잃게 됩니다. 그러나 당신이 망상을 실재한다고 생각하면 그것들이 셀 수 없이수많은 생을 통해 그래 왔듯이 당신을 무자비하게 고문할 것입니다. 마음을 제어하려면 무엇을 해야 하고 무엇을 피해야 하는지를 잘 알아야 하고, 기민하고 방심하지 말아야 하며, 계속해서 당신의 생각·말·행동을 살펴야만 합니다.

마음은 몸이라는 집에 찾아온 손님과 같습니다. 어떤 몸이든 만나게 되면 마음은 보고 듣고 냄새 맡고 맛보고 느낍니다.마음이 몸을 떠나게 되면 몸은 시체가 됩니다. 시체는 깨끗한곳이나 더러운 장소를 신경 쓰지 않습니다. 시체는 칭송을 받거나 원망을 듣는 것을 마음에 두지 않습니다. 시체는 수의壽衣를 입혀도 즐거움을 느끼지 못하고 불에 태워도 고통을 모릅니다. 이렇듯 몸 자체는 흙이나 바위와 본질적으로 크게 다르지 않습니다. 몸과 마음이 분리될 때 말은 몸과 마음 그 중간 어디쯤인가에 있다가 메아리가 사라지듯이 사라집니다. 몸·말·마음에서 마음이 중요합니다. 다르마를 적용시켜야 하는 것도 마음입니다.

마음의 본성이 공함을 깨닫게 될 때 집착은 사라지고 망상에 의해 더 이상 휘둘리지 않게 됩니다. 보살들이 타인을 도울 때 대가를 바란다던가 관대함에 대해 칭송 받기를 원하지 않듯 그들의 미덕에 신경 쓰지 않습니다. 이것이 자비와 공성의 결합 자체인 완벽한 첸레직입니다.

38 알아차림과 공성이 둘이 아닌 그대의 마음자리는

바로 법신法身이라네.

근원적인 단순함에 모든 것을 그대로 두어라.

그러면 명징함이 스스로 떠오를 것이니

오직 아무것도 하지 않음으로

해야 할 모든 것을 이루게 될 것이다.

벌거벗은 공성 안에 모든 것을 그대로 두어라.

궁극적인 마음의 본성을 바깥 어딘가에서 찾는다는 것은 맞지 않습니다. 그것이 이미 내재되어 있기 때문이지요. 우리가 흔히 '마음'이라고 말할 때, 이것이 셀 수 없는 생각의 고리들을 만들고 망상의 상태를 유지시키는 것인지 아니면 모든 생각들의 원천인 명료함과 망상에서 온전히 벗어난 공성의 상태인 마음의 본성인가를 아는 것이 매우 중요합니다.

이 차이를 설명하기 위해 붓다께서 두 가지의 명상 방법에 관하여 가르침을 남기셨는데, 바로 개와 같은 명상법과 사자와 같은 명상법입니다. 만약 개에게 막대기를 던지면 개는 막대기를 쫓아갑니다. 그러나 사자에게 막대기를 던지면 사자는 막대기를 던진 당신을 향해 달려옵니다. 당신은 개에게 던지고 싶은 만큼 막대기를 던질 수 있지만 사자에게는 오직 한 번 뿐입니다.

당신이 생각들로부터 공격 받을 때 해독제로 차례차례 각각의 생각을 따라가는 것은 끝이 없는 작업입니다. 이것이 바로 개와 같은 것입니다. 그러나 사자처럼 생각의 근원인 공성을 찾으면 생각의 표면이 호수 표면의 물결처럼 움직이는 것과 호수 밑바닥 깊은 곳은 변하지 않는 단순함을 알게 됩니다. 이 물결치지 않는 고요함에 머물며 육자진언을 하십시오.

네 가지 요가

불교의 승乘은 인승因乘과 과승果乘, 이렇게 크게 두 가지로 나누어 볼 수 있습니다. 우선 인승은 소승과 대승이 포함되며 오

도五道를 닦습니다. 두 번째 과승은 금강승이 포함되며 네 가지 요가를 닦습니다. 네 가지 요가란 일념一念의 요가, 무념無念의 요가, 일미一味의 요가, 무상無上의 요가입니다.[60] 네 가지 요가의 가르침은 생기차제와 원만차제의 조합에 초점을 맞추고 있습니다.

일념一念의 요가

39 고요함으로 움직이는 생각의 기세를 잘라 보자.
움직임 안에 있는 고요함의 본성을 보라.
고요함과 움직임이 하나인 곳에서, 마음의 본성을 유지하라.
일념 안에서 육자진언을 하라.

마음은 일반적으로 고요함과 움직임 이 두가지 측면을 가지고 있습니다. 때때로 마음은 고요하고 생각에서 벗어난 조용한 수영장과 같습니다. 그러다가 생각이 일어나게 되는데 이것이 움직임입니다. 그러나 사실 어떤 의미에서 고요함 안에 생각의 움직임이 있지만, 이 두 단계는 다를 바가 없습니다.

대부분의 시간 동안 우리는 마음 상태를 알아차리지 못하고 마음이 움직이는지 고요한지에 거의 신경 쓰지 않습니다. 명상을 하는 동안 당신의 마음에서 생각이 일어납니다. 예를 들어 쇼핑을 간다던가 하는 생각 말입니다. 만약 이 생각을 알아차린다면 저절로 사라지게 그냥 놔두십시오. 그러면 그 생각은 이내 사라집니다.

그러나 무슨 일이 일어났는지 알아차리지 못하고 그대로 둔다면 생각은 부풀고 성장하다 다음 생각으로 넘어갑니다. 수행을 하다 휴식하고 싶은 생각이 들고 어쩌면 일어나서 시장에 가려 나서는 자신을 볼 수 있을 것이고, 그러다 더 많은 생각이 일어나게 될 것입니다. 이것은 사고 저것은 팔고 등등…. 이렇게 되면 당신이 마니 염송으로부터 아주 멀어진 것입니다.

생각이 계속해서 일어나는 것은 극히 자연스러운 일입니다. 중요한 것은 생각들을 멈추려 노력하지 않는다는 점인데 어쩌면 이것은 불가능할 것이니 생각들을 해방시켜 주도록 합시다. 이는 단순함의 상태에 남아 있음으로 인해 이루어지는데, 생각이 일어났다 사라지게 두고 다른 생각에 묶이지 않도록 해야 합니다. 생각의 움직임에 더 이상 끄달리지 않게 되면 생각들은 아무런 흔적없이 스스로 융해됩니다.

마음의 조작과 고요함의 상태를 해치지 않을 때, 당신은 아무런 애씀 없이 자연스러운 마음의 평온을 유지할 수 있습니다. 때때로 생각을 흘러가게 두며, 그 뒤에 변함 없는 본성이 있음을 지켜 보십시오. 때로는 생각의 흐름을 단호히 끊고, 벌거벗은 의식을 보도록 하십시오.

우리의 습관화된 성향으로 인하여 수많은 생각과 추억이 마음에서 일어납니다. 잇달아 일어나는 생각들, 각각의 생각은 과거로 사라진 것 같습니다만 단지 다음 생각으로 교체되었을 뿐입니다. 나아가서 마음이 미래에 대한 생각을 하므로 현재가 덧없어집니다. 각각의 생각은 점점 가속도가 붙는 경향이 있어 시간이 지남에 따라 생각의 끈이 커지게 됩니다. 이것을 '망상의 사슬'이라고 부릅니다. 우리가 쓰는 염주가 하나의 알들이 모여 끈으로 묶였듯이 마음도 순간적인 생각들의 연속입니다. 생각의 물방울들은 마음의 흐름을 만들고, 마음의 흐름은 존재의 바다를 만듭니다.

마음이 독립체로 존재한다고 믿는 것은 연구가 불충분하기 때문입니다. 우리가 보는 강이 어제와 같은 것이라 믿겠지만, 단연코 강은 일 초라도 같은 적이 없습니다. 강을 만든 어제의 물은 이미 바다의 일부가 되어 있을지도 모릅니다. 셀 수 없는 생각들은 우리의 '마음'에서 아침부터 밤까지 달리는 것과 같습니다. 우리 마음의 흐름은 즉각적인 생각들의 연속일 뿐이며 마음의 어떤 요점도 없습니다.

이제 중관中觀의 논리 체계에 의한 생각을 살펴보기로 합시다. 지나간 생각들은 시체처럼 죽었습니다. 미래의 생각들은 아직 오지 않았지요. 현재의 생각들은 장소·색깔·형태 등 어떠한 속성을 가졌다고 말할 수 없고 진정 어디에서도 찾지 못합니다. 사실·과거·현재 미래의 생각들 간에 접점接點 가능성을 찾는 것은 불가능합니다. 만약 과거의 생각과 현재의 생각 사이에 연속성이 있다면 과거의 생각이 현재의 생각이거나 현재의 생각이 과거라는 의미가 될 것입니다. 만약 과거가 진정 이런 방식으로 현재까지 확장된다면 미래도 반드시 현재에 와 있어야만 합니다. 그럼에도 불구하고 생각의 본질을 모르는 우리는 지속적으로 연결되는 것으로 보는 습관을 지니고 있습니다. 이것이 바로 망상의 뿌리이며, 이로 인하여 우리는 더더욱 생각과 감정에 지배당하며 혼란스럽습니다.

'생각이 일어남'이라는 물결이 당신을 공격하는 것을 알아차리는 것이 매우 중요합니다. 예를 들어 분노는 당신에게 있을 수 있는 모든 선한 공덕들을 해치는 파괴적인 경향이 있습니다. 누구도 화를 잘 내는 사람과 함께 있고 싶은 사람은 없습니다. 뱀의 겉모습만으로는 본질적으로 두렵지 않습니다만, 일반적으로 그들의 공격적인 속성 때문에 보기만 해도 공포와 혐오감이 생깁니다. 인간이든 뱀이든 이러한 분노는 점검되지 않은 번뇌의 결과에 지나지 않습니다.

만약 분노가 일어나는 바로 그 순간에 알아차리고 그것이 얼마나 부정적인가를 이해한다면 분노의 감정은 저절로 가라앉게 되고 당신은 다른 이들과 언제나 조화롭게 지낼 수 있습니다. 반면 첫 번째 분노를 방치한다면 두 번째 분노가 따라오게 되어 결국 걷잡을 수 없게 되고 당신의 인생이 파괴될지도 모르는 위험이 따르게 됩니다.

생각은 단지 경험했었던 많은 요인들과 조건이 순식간에 만나 이루어진다는 것을 잊지 마십시오. 그 생각이 좋든 나쁘든 실제 존재하지 않는다는 것도 놓쳐서는 안 됩니다. 생각이 떠오르자마자, 그 본질이 공함을 알아차리면 두 번째 생각은 힘을 잃고 망상의 고리들이 그 자리에서 사라지게 됩니다. 이는 당신이 마음에서 자연스레 일어나는 생각들을 모두 진압하거나 일어나는 각각의 생각들에 대해 그때마다 해독제를 써서 막으라는 의미는 아닙니다. 그저 생각들의 본질이 공空함을 알고 그들을 편안한 마음에 내려 놓으면 충분합니다. 마음의 내재된 본성은 청정하고 변함이 없으며 안정되고 생생함 속에 있습니다.

명상의 두 측면인 지止와 관觀[61]은 지는 관을 닦는 토대를 마련해 주고 마음의 본성을 열도록 해 주며 그리하여 번뇌에서 자유로워질 수 있도록 해 줍니다. 초보자의 경우 지를 닦을 때 잘 되지 않으면 관은 안정성을 잃게 되며 망상에 사로잡히는 것을 통제하기 어렵습니다. 그래서 흔들림 없는 견고한 알아차림을 위해 이 일념의 요가를 개발하는 것이 매우 중요합니다.

무념無念의 요가

40 세속제(속제, 상대적 진리)를 닦아

승의제(진제, 절대적 진리)를 정립하라.

승의제 안에서 세속제가 어떻게 일어나는가를 보아라.

이 둘이 하나가 될 때, 개념을 넘어선 무념의 상태가 된다.

모든 애씀으로부터 자유로운 견해 안에서

육자진언을 하라.

통상적으로, 세속제에서는 현상계가 불가분한 입자로 분해될 수 있다고 합니다. 그러나 중관의 논리에서는 이 입자도 독자적으로 혹은 영구히 존재하지 않음을 보여줍니다. 그러하니 우리가 어떻게 물질 대상이 진정 존재한다고 말할 수 있겠습니까? 우리의 의식을 더 이상 나눌 수 없는 찰나의 의식까지 분해해 보려 해도 이 역시 궁극적으로는 어떠한 실체도 없음을 발견하게 됩니다.

이 공한 본성의 연속성과 편만遍滿함을 인식하는 것이 진제(승의제)를 인식하는 것입니다. 이것은 어떤 장애에 의해서도 훼손되지 않는 고유한 마음의 상태이며, 붓다들이 꿈이나 환영으로 보는 모든 현상입니다. 생각은 번뇌를 야기하지 않고 업이 되어 쌓이지 않습니다, 유리한 상황이지만 교만이나 집착이 생기지 않고 부정적인 환경은 재빨리 해탈의 길로 변합니다.

예를 들어, 당신을 괴롭히는 사람을 만났을 때 화를 내는 대신 자비를 기르는 방편으로 삼고 보리심과 뗄 수 없는 진제를 깨닫는 기회가 되도록 해 보십시오. 만약 어떤 것에 대한 집착을 놓지 못한다면 그저 그것의 본질이 공함을 깨닫지 못하였기 때문입니다. 한번 당신이 공성을 인식하게 되면 꿈같은 성공에 들뜨거나 꿈같은 실패에 좌절하지 않게 됩니다.

어떤 이들은 아름답고 편안하고 자연경관이 빼어나고 안전한 환경에서 살고, 어떤 이들은 가혹하고 척박하고 가난하고 위험한 환경에서 지냅니다. 이는 행운이나 거창한 계획에 의한 결과가 아닙니다. 쾌적한 환경에 태어난 것은 관대함, 이타심 등 전생의 공덕에 의한 결과이고, 반대로 험한 곳에 태어난 것은 전생에 남을 때리고 공격하고 가두는 등의 해악을 끼친 결과입니다.

현상은 창조자의 작품이 아니라 그저 수많은 원인과 결과의 조합의 결과입니다. 햇빛이 빗방울을 통과하여 나타나는 하늘의 무지개와 같은 것이지요. 그러므로 전생의 수많은 행위를 통해서 현재의 당신은 행복하고 건강하고 부유하고 모든 이들의 사랑을 받거나, 불행하고 가난하고 질병으로 고통스럽고 타인들로부터 멸시를 받습니다. 실제로 모든 우주의 세부 사항과 존재들은 수많은 상호 의존적인 요소에 의해 순간적으로 모였을 뿐입니다. 그러므로 모든 현상들이 무상하며 이러한 계속적인 변화를 겪게 되는 것입니다.

당신이 어떤 것을 깊게 검토할 때 언제나 모든 것의 궁극적인 본성인 공성에 도달하게 됩니다. 초보자로 자량도資糧道나 가행도加行道[62]에 들 수도 있습니다. 우리 중생들은 공성의 실제적인 깨달음을 갖고 있지 않습니다. 연기가 나는 것을 볼때 어딘가에 불이 있다는 것을 알지만 그것이 실제 불은 아닙니다. 그렇지만 연기를 따라가다 보면 언젠가 불을 발견할 수 있게 되겠지요. 이렇듯 공성에 대한 견해가 공성의 실질적인 체험과 같지 않음을 이해하는 것이 중요합니다.

그러나 견해를 따라가다 보면 공성과 친숙하게 되고 언젠가 개념이나 교리로부터 자유로운 실질적인 공성의 체험을 하게 될 것입니다. 이것이 승의제와 세속제가 둘이 아니고 현상과 공성의 합일인 중관의 궁극적인 이해입니다.

모든 현상의 공한 본성은 승의제이고 그것이 드러나는 것은 세속제입니다. 세속제를 수습修習함으로 승의제를 깨달을 수 있게 됩니다. 승의제가 모든 것의 궁극적 본성이기 때문입니다. 만약 전 세계의 모든 대륙, 모든 산과 숲이 파괴되고 사라져 버렸다면 오직 텅 빈 공간만이 남게 될 것입니다. 당신이 현상이 무엇인지를 진정으로 깨닫게 되면 그들이 고정적 실체를 지니지 않음과 공성이 편재할 뿐, 무엇도 남아 있는 것이 없음을 알게 됩니다.

하지만 당신이 여전히 상대적 진리의 고정된 유형의 존재를 믿는다면 절대적 진리를 깨닫는 것은 불가능합니다. 한번 절대적 진리를 깨닫게 되면 당신은 그 안에 나타나는 것들—꿈이나 환영 같아 아무 것도 집착할 것이 없는—전부와 상대적 현상의 무한한 현시現示를 볼 수 있습니다. 무념의 요가, 모든 개념의 한계들로부터 자유로움, 모든 애씀으로부터 자유로움으로 불리는 것은 현상과 공성이 하나임을 깨닫는 것입니다.

이 두 가지 진리는 별개의 개체가 아닙니다. 마치 소의 뿔처럼 단지 자연 상태의 현상과 공함의 측면일 뿐입니다. 우선 이 견해를 머리로 이해하고, 첫 체험을 하고 현상과 공성이 하나임에 확신을 갖도록 해 보십시오. 이 두 가지 진리의 합일을 깨닫는 것은 심오한 체험이며, 지적인 개념을 완전히 넘어선 것입니다. 이것이 무념의 요가입니다. 이 견해를 유지하시며 육자진언을 하십시오.

일미—味의 요가

41　형상으로부터 마음의 집착을 끊어내고,
　　마음으로부터 거짓된 은신처를 쳐부숴라.
　　무한히 열린 마음과 형상이 하나인 그곳,
　　일미의 깨달음 안에서 육자진언을 하라.

객관적인 현상이 우리에게 나타나는 방법은 주관적인 마음의 기능입니다. 그것이 청정하거나 오염되었거나, 좋거나 나쁘거나, 매력적이거나 역겹게 보이는 것은 모두 우리 마음의 투영입니다. 샨티데바께서 지옥에 대해 이렇게 말씀하셨습니다.

　　누가 타오르는 철의 토대를 만들었을까?
　　이 불길은 어디에서 왔는가?
　　이 모든 것들은

번뇌로부터 기인한다네.

　사실, 당신의 감각기관들이 개체를 만나게 될 때, 개체 자체가 활동하는 유일한 부분은 당신의 의식 안에서 인식의 과정을 촉발하는 것뿐입니다. 이로부터, 당신의 마음은 개체에 반응하게 되고 이제껏 해 왔던 습관과 과거의 경험에 의해 영향을 받는데 이 모든 과정은 온전히 주관적인 것입니다. 그래서 마음이 분노로 가득하다면 온 세상이 지옥으로 보일 것입니다. 마음이 평화롭다면, 집착이나 고정관념으로부터 자유롭고 무엇을 하든 다르마의 가르침에 따르는 것이며 원시청정으로 모든 것을 경험합니다. 붓다께서는 지옥을 극락으로 보나, 오염된 중생들은 극락을 지옥으로 봅니다.

　담즙에 의해 오염되어 황달에 걸린 이의 눈에는 하얀 법라法螺가 노란색으로 보이듯 우리의 인식은 망상으로 오염되어 있습니다. 마음은 현상을 투사하여 망상에 집착하게 만듭니다. 마음은 무언가를 인식하자마자 개념을 붙들게 되고 그것은 개체를 원하고, 싫어하고, 중립적인 것으로 평가하여 마침내 욕망, 혐오, 무관심 등에 의한 뒤틀린 개념을 기저로 한 행위를 하게 되어 업이 쌓이게 됩니다.

　마음의 집착을 끊기 위해서는 신기루에서 물을 보듯 모든 현상의 본성이 공함을 이해하는 것이 중요합니다. 아름다운 형상도 마음에 이익이 없고 추한 형상 또한 마음에 해가 되지 않습

니다. 희망과 두려움, 좋고 싫음이라는 끈을 끊어 버리고 모든 현상이 당신 마음의 투사 이상이 아니라는 것을 이해하는 평등에 머무십시오.

당신이 마음의 본성을 깨닫게 되면, 모든 상대적 형상의 거짓됨과 집착은 동굴 안으로 들어가게 됩니다. 좋고 나쁨, 청정과 오염은 강력한 향을 잃게 되고 하나의 맛(一味)에 녹아듭니다. 당신은 금과 철의 구분이 없는 제춘 밀라레빠의 깨달음의 경지에 다다를 수 있습니다. 언젠가 감뽀빠께서 그분께 금과 차를 공양 올렸습니다. 밀라레빠께서는 이렇게 말씀하셨습니다. "나 같은 늙은이에게 금은 필요 없고 차를 끓일 주전자가 없구나." 이런 견해에 머물며, 육자진언을 하십시오.

무상無上의 요가

42 마음의 본성 안에서 공空의 단순함을 인식하면
   모든 것이 자유롭다.
   생각은 인식의 자발적인 창의이며
   자신의 영역에서 정화되었다.
   마음과 인식은 같은 본질 안에서 하나이다.
   법신의 무상요가 안에서 육자진언을 하라.

마음의 궁극적인 본성은 원초의식입니다. 생각은 태양에서 발산하는 빛처럼 발산됩니다. 마음의 본성을 깨닫게 되면 망상은 허공의 구름처럼 사라집니다. 마음의 본성은 태어난 적이 없고 존재하거나 사라진 적이 없는 망상으로부터 자유롭습니다. 진언승에서 이것을 전문 용어인 원초상속(무시이래로 항상하는 법성)[63]이라고 부르거나 혹은 항상 존재하는 단순함이라 부릅니다. 현교에도 묘사되어 있는데, 반야경의 예를 들어 보도록 하겠습니다.

마음,
마음은 존재하지 않는다.
그저 명료함의 표현일 뿐.[64]

고요한 마음과 움직이는 마음을 관찰해 보면, 마음이 고요함과 움직임을 인식함을 알게 됩니다. 오랜 시간 '마음'을 찾아본들 공성 외엔 어떤 것도 발견할 수 없습니다. 마음은 형상이 없고 색깔도 없고 물질로 구성된 것이 없습니다. 이것이 마음을 공성의 측면에서 본 것입니다. 마음은 사물을 인지하고 무한한 현상의 다양함을 인식합니다. 이것이 마음을 명징한 측면에서 본 것입니다. 공성과 명징함이 분리될 수 없는 두 측면이 원초상속의 마음입니다.

지금 마음의 명징함은 망상에 의해 가려져 있습니다. 바로 지금 마음의 명징함이 망상에 의해 미혹될 수 있습니다. 그러나 이 장애가 사라짐에 따라 의식의 빛나는 밝음이 드러나기 시작하여 결국에는 물 위에 그린 그림처럼 생각이 일어나는 순간 스스로 자유롭게 되는 시점에 이르게 됩니다. 이 방법으로 마음을 경험하는 것은 불성의 근원을 만나는 것이며, 네 번째 관정의 수행입니다.

마음의 본성을 깨달을 때 열반이라 부릅니다. 마음이 망상에 의해 미혹될 때 그것을 윤회라고 부릅니다. 윤회와 열반은 궁극적 진리의 영속으로부터 떠난 적이 없습니다. 인식의 깨달음을 온전히 얻을 때, 망상의 성벽은 색을 발하게 되고 명상을 넘은 법신의 요새는 단번에 망상을 제압합니다. 이제 명상과 후명상이 더 이상 차이가 없고 애씀 없이 안정되는 것을 경험하게 됩니다. 이것이 무상의 요가입니다. 끝이 없는 광활한 법신 안에서 육자진언을 하십시오.

요약하자면, 일념의 요가는 마음을 길들이는 것을 강조하고 무념의 요가는 안정적인 알아차림을 일으킵니다. 이 두 개가 결합하여 일미의 요가를 경험하고 이 경험이 흔들리지 않게 될 때에 무상의 요가가 됩니다.

진언승의 네 가지 요가는 현교의 오도五道의 체계에 부합합니다. 그러므로 현교와 밀교 모두의 견해·명상·행위를 유지하는 것이 중요합니다. 가르침의 단계들이 서로 다를지라도 목적지는 번뇌를 끊는다는 한 곳이며 서로간에 완벽하게 일치합니다. 가르침에는 많은 다른 냇물이 있으니, 근기가 다른 제자들은 필요한 것이 다릅니다. 그러므로 그에 맞는 스승들의 지혜를 반영해야 하는 것이 좋습니다. 그러나 냇물들은 하나의 강으로 흐른다는 것을 잊지 마십시오.

비할 데 없는 약사승인 닥뽀의 성스러운 감뽀빠께서는 처음에는 까담의 스승을 지냈고 대승 수행을 하였습니다. 후에 제춘 밀라레빠의 제자가 되어 밀교 수행인 마하무드라와 내열(內熱)수행 그리고 나로육법을 수행하여 까규파의 전승조사가 되십니다. 위대한 까담 스승들은 현교 체계의 수행과 마하무드라의 모든 단계의 수행 및 여섯 가지 요가 수행을 제자들에게 가르친 것으로 유명한데 이 모든 행법들을 능숙하게 섞었던 것입니다. 핵심적인 요점은 우리가 현교를 수행하거나 밀교를 수행하거나 어떤 단계에 있는지가 아니고 집착과 번뇌의 제거에 필요한 적절한 해독제를 사용하는 것에 있습니다.

감각, 감정 그리고 오온五蘊의 변환

비밀진언승에는 셀 수 없이 많은 가르침과 단계가 있는데 요점은 모든 현상을 본존의 몸으로 보는 것입니다. 들리는 모든 것이 진언이고 생각들은 모두 법신으로 여깁니다. 이렇게 하다 보면 여섯 감각과 다섯 가지 감정의 독毒(탐욕·성냄·어리석음·질투·아만) 그리고 오온五蘊이 지혜로 대치하여 변하게 되고 삼문三門(身·口·意)은 원시청정의 스스로 자생하는 만다라인 금강만다라로 인식됩니다.

여섯 감각의 대상

색色, 형상의 집착에서 벗어나라

43 어떤 형상이 나타나건
　　본존으로 인식하는 것이 생기차제의 결정적인 핵심이니,
　　추하고 아름다운 것에 매달리는 집착에서 벗어나
　　그것의 본성에서 해방시키도록 하라.
　　마음은 첸레직의 몸으로 나타날 것이니
　　시각의 자기 해탈 안에서 육자진언을 하라.

　마음은 허공처럼 형태가 없습니다. 단지 몸을 통한 행위와 결부되어 윤회와 열반으로 이끄는 역할을 할 뿐입니다. 중음(바르도) 상태에서 우리는 꿈같은 몸을 갖게 되어 여러 단계를 겪은 후 이생에서 다음 생을 받게 됩니다. 마음과 몸이 함께였을 때에는 감각기관을 통하여 현상계를 인식하고 상응하는 의식이 있습니다. 이러한 감각 의식의 기능은 그저 형태·소리·냄새 등을 인식할 뿐 어떤 것도 더하지 않습니다. 그러나 마음은 이 인식에 장식을 더하게 되어, '이것은 아름답군', '저것은 추해', '그것은 좋지 않아', '이것은 매우 즐거워' 등을 생각합니다. 이는 외부 개체의 형태가 아니고 눈도 아니고 안식眼識이 주관적으로 만들어 내는 것도 아닙니다. 하지만 결국에는 업이 쌓이게 되는데, 이는 마음에 의해 이루어지는 것입니다.

아름다운 것에 고유한 본질은 없지만 내 마음에 좋은 것입니다. 추한 것도 마찬가지로 고유한 본질은 없지만 마음에서 싫은 것입니다. 아름답고 추함은 그저 마음의 투사입니다. 행복과 불행의 원인은 외부 개체의 소유에 있는 것이 아닙니다. 특정한 한 사람이 어떤 사람에게는 행복의 원인이 되지만 다른 어떤 이에게는 고통이 되기도 합니다. 마음은 개체를 인식하므로 이런 특징을 갖게 됩니다.

이렇듯 개체가 여섯 가지 감각기관 중 하나와 만나게 되었을 때 마음은 즐겁거나 거부감을 갖게 되는데, 이 뒤틀린 인식은 집착으로 말미암아 일어납니다. 이것이 삼사라의 기저가 되는 점입니다. 만약 집착이 없다면 인식은 지혜로 녹아 들어 자유롭게 됩니다. 이는 열반의 청정함을 체험하는 것이고 즐거운 감각을 차단할 필요가 없습니다. 집착으로부터 자유롭게 되기 위해서 당신은 모든 형상을 정토로 보고 모든 존재들을 본존으로 보는 훈련을 해야만 합니다. 이런 식으로 현상을 보다 보면 당신이 인식하는 세상은 근본적 청정함에 녹아들고 정토의 모든 공덕을 깨달을 수 있습니다.

우주와 모든 존재들이 담겨 있는 끝이 없고 다양한 현상의 본성을 면밀히 관찰하다 보면, 지속되는 공성 말고 아무것도 없음을 발견하게 됩니다. "공성의 진리가 모든 것의 진리이다."라는 말이 있습니다. 끝없이 나타나는 현상을 가능하게 만들어

주는 것이 바로 공성입니다. 우리가 인식하는 현상계는 계속되는 공성의 나툼이자 정토이며 모든 사람들은 첸레직이며 따라 보살입니다. 이것이 진언승의 기본적인 내용입니다.

우리는 아름다운 것에 끌리고 추한 것에 반감을 갖습니다. 친구를 만나면 기쁘지만 싫어하는 이를 만나면 짜증이 납니다. 이런 주관적인 반응은 모두 개체에 집착하는 마음이 만들어 냅니다. 우리가 번뇌의 요소들마저 첸레직의 지혜로 볼 수 있다면 집착은 정화되고 우리 인생이나 수행에 있어 방해 받지 않습니다. 우리가 모든 현상을 원초적인 청정함인 본존, 진언 그리고 지혜의 나툼으로 볼 때 모든 감각의 인식을 수행으로 이용할 수 있습니다.

첸레직의 화현처럼 모든 것들이 공성에서 일어나는 것임을 볼 때 무한한 청정이 확장됨을 깨닫게 되고, 우리는 더 이상 좋고 싫음, 깨끗하고 더러움을 구분하지 않게 되고, 모든 것들이 첸레직의 나툼임을 알게 됩니다. 친구들이 첸레직이고, 적들이 첸레직이며, 모든 것이 첸레직입니다.

이런 경험이 일어나면 붙들거나 자만하지 마십시오. 광대한 청정은 우리의 명상에서 만들어지는 것이 아닌 고유한 본성입니다. 금은 근본적으로 다른 광물과 섞여도 변하지 않고 축출 과정을 거치면 정제되어 자신으로 돌아갑니다. 마찬가지로 모든 것들, 온 우주와 모든 존재들은 원초적으로 공空합니다. 현상은 오염된 생각에 의해 변질되지 않으며 청정한 생각에 의해 향상되지 않습니다. 이 진정한 본성은 언제나 그대로입니다.

본서에 나왔듯이 모든 현상의 청정함을 경험하는 것이 생기차제의 핵심 내용입니다. 본존을 관상할 때 만약 섬세한 관상이 어렵다면, 세상을 정토로 보고 중생들이 본존의 성품을 지녔다고 보십시오. 이 경험을 유지하며 육자진언을 하십시오.

성聲, 소리를 진언으로 인식하라

44 소리를 진언으로 인식하는 것은 염송 수행의 핵심이며,
즐겁거나 역겨운 소리에 끄달리는 집착에서 벗어나
스스로의 본성에서 자유롭게 되나니,
윤회와 열반으로부터
자생하는 소리는 육자진언의 목소리이다.
소리의 자기 해탈 안에서 육자진언을 하라.

보편적으로 칭찬과 기쁜 소식, 아름다운 음악은 우리에게 기쁨을 줍니다. 하지만 비판, 억울한 누명, 내가 사랑하는 이에 관한 나쁜 소식 혹은 소음이나 귀에 거슬리는 소리를 들으면 스트레스를 받거나 심란해집니다. 이런 기분이 만들어지는 요인은 다양한 소리 때문이 아니라 우리 마음 때문입니다.

마음의 본성이 태어난 적이 없음을 아는 보살들은 즐겁거나 역겨운 소리들을 모두 진언으로 인식합니다. 칭찬을 받아도 우

쭐해지지 않고 비난을 받아도 화를 내는 대신 도리어 인내와 자비가 증장됩니다. 만약 당신이 모든 소리를 진언으로 인식하게 되면 산에 부는 바람처럼 좋고 나쁜 소식들에 신경 쓰지 않게 됩니다. 나쁜 소식을 듣고 화를 내면 자신에게 고통이 따를 뿐입니다. 그렇다고 해서 죽은 사람이 살아 돌아오거나 잃어버린 물건을 다시 찾을 수 없습니다.

모든 현상이 그렇듯이, 소리는 수많은 원인과 조건이 결합되어 만들어진 결과이고 독립적인 실체로 존재하지 않습니다. 기타의 아름다운 선율은 적절한 조율과 모든 기타 줄에 의한 것입니다. 만약 줄이 하나라도 끊어지거나 조율이 맞지 않는다면 기타는 화음이 맞지 않고 듣기 싫은 소리를 냅니다. 날씨, 바람, 천둥, 그리고 나뭇잎이 내는 바삭거리는 소리, 동물들의 울음 소리, 사람들의 목소리와 노래 등 어떤 소리이건 조심스럽고 면밀하게 들어본다면 모두 소리의 기본 요소들로 이루어져 있으며 이 또한 공한 품성을 지니고 있습니다.

티베트어 종자자인 '아' 자는 태어나지 않은 상징이며, 모든 소리의 원천으로 간주되며, 붓다의 지혜가 담겨 있는 정수로 봅니다. 이는 육자진언에서 비롯되었습니다. 당신이 진언을 하는 동안 모든 소리들이 공성에서 비롯되었음을 인식하십시오. 붓다의 말씀인 진언의 무한한 현시라고 말입니다. 그렇게 되면 아주 적은 수의 진언을 하더라도 결실을 맺게 될 것입니다. 이것이 모든 소리를 도道에 들게 하는 수행입니다.

일상적인 대화는 집착이나 증오에 바탕을 두는 것이 많아서 망상의 바퀴를 더 빨리 돌리는 원인이 됩니다. 그러나 진언을 염송하면 당신의 마음을 보호할 수 있으며 소리의 본성인 지혜로 이끌어 줍니다. 그러므로 육자진언을 항상 하십시오. 당신의 호흡과 하나가 될 때까지!

향香, 냄새는 첸레직의 계율

45 냄새가 태어난 적 없음을 인식하는 것은
     원만차제의 핵심,
     향기와 악취에 끄달림의 집착에서 벗어나
     스스로의 본성에서 자유롭게 되나니,
     모든 냄새는 위대한 첸레직의 향기 나는 계율,
     냄새의 자기 해탈 안에서 육자진언을 하라.

우리는 향기를 좋아하고 악취가 나면 코를 막습니다. 모든 냄새들, 전단향 나무의 은근한 향이나 대변의 악취 모두 성품이 공합니다.

냄새를 청정하고 본질이 없음을 인식하며, 붓다께 계향戒香을 올리십시오. 계향을 올리는 것은 공덕과 지혜 두 자량의 완벽한 공양입니다. 붓다께서는 이분법적인 인식에 영향을 받는 분이 아니듯, 우리도 좋고 싫음의 모든 생각들을 놓아야 합니다. 우리가 이렇게 할 때, 냄새를 인식함은 그 본성에서 스스로 해방될 것입니다.

미味, 맛의 해탈이 진정한 공양

> 46　맛을 성스러운 의식으로 인식하는 것은
>
> 　　공양의 핵심적인 내용,
>
> 　　맛있고 없음에 집착하는 마음에서 벗어나
>
> 　　스스로의 본성에서 해방되리니,
>
> 　　음식과 음료는 위대한 첸레직을
>
> 　　기쁘게 하는 물질일 뿐,
>
> 　　맛의 자기 해탈 안에서 육자진언을 하라.

우리는 맛있는 음식, 풍미 있는 음식, 혹은 달콤한 음식을 좋아하고 쓴맛, 신맛, 타거나 톡 쏘는 것 등 맛없는 음식을 싫어합니다. 실은 오직 마음만이 맛있거나 역겨운 것에 붙잡혀 있습니다. 마음의 이러한 속성이 태어나지 않고 어떠한 실체가 없음을 깨닫는다면 모든 맛의 청정한 본성을 알게 될 것입니다. 음식과 음료는 가나차크라(공양 의식)의 지혜의 공양이 되고, 이것이 공양의식[65]수행입니다.

이 수행을 통하여 당신은 자량을 쌓게 되고, 음식을 탐하는 습관을 극복할 수 있게 되어 자신을 잘못 지탱하는 것에서 부

터 벗어날 수 있습니다. 모든 집착을 원초적인 본성으로 해방
시킬 수 있을 때가 최상의 공양입니다.

촉觸, 느낌 또한 망상임을 알라

47　여섯 감각이 본디 같다는 것을 아는 것은

일미一味의 핵심이요,

과식과 배고픔, 더위와 추위의 감각에 대한 집착에서 벗어나

스스로의 본성에서 해탈되도다.

일체 감각과 느낌이 본존의 불사이니,

감각의 자기 해탈 안에서 육자진언을 염송하라.

우리는 비단의 부드러움과 삼베의 까실까실함, 컵의 매끈함
과 가시의 뾰족함을 구분합니다. 그러나 다른 감각의 인식들과
마찬가지로 촉각 또한 망상에 지나지 않습니다.

당신이 기쁘고 불쾌한 것에 대해 구분짓는 것을 멈추고 그
느낌들을 공한 성품의 본디 같음에 내버려 둔다면 마음은 들뜨
거나 가라앉지 않게 됩니다. 이것이 일미一味의 체험이며, 즐거
움과 고통을 도道로 이끌어 주는 최상의 수행입니다. 부드러운
느낌을 갈망하고 거슬리는 것을 못 견뎌 하는 것도 모두 집착
입니다. 이 모든 집착과 혐오감을 공한 본성에 내려놓으면 불
사가 자연발생적으로 행해질 것입니다.

188

요약하자면, 감각의 인식들에 매달리는 것은 윤회계를 계속 떠도는 원인이므로 감각의 즐거움을 멀리 하라고 가르치는 것입니다. 그러나 만약 마술 같은 현상의 공한 성품을 깨닫게 되면 집착으로부터 진정 자유로워지며, 모든 감각의 인식들은 공덕과 지혜 자량을 쌓게 되며, 명상 체험과 깨달음이 발전됩니다. '안이비설신의'는 모두 호수에 비친 달과 같고 하늘의 무지개 같습니다. 눈에 황홀하지만 순간에 지나지 않으며 덧없고, 잡을 수도 없으며 어떤 고정된 실체가 없습니다. 이렇게 바로 보다 보면, 당신의 인식은 고정관념이나 집착에 결코 굳어지지 않습니다.

법法 · 마음이 공함을 알면 둘이 아님을 안다

48 　모든 현상을 공하게 인식함은 견해의 요점이요,
　　진실과 거짓에 대한 믿음이 스스로의 본성에서 해탈되도다.
　　집착이 없으니, 모든 것이 그대로 윤회와 열반이며
　　바로 법신의 연속체이다.
　　생각들의 자기 해탈 안에서 육자진언을 염송하라.

마음은 주체와 개체로 나누어 경험을 합니다, 우선 주체인 '나' 그리고 나서 '내 것'이라는 생각 그리고 내 몸, 내 마음, 내 이름 등에 집착하기 시작합니다. 이 세 가지 개념에 대한 우리의 집착은 점점 커져만 가고, 자신의 안위에만 더욱 신경 씁니다. 안락함에 대한 갈망, 괴로운 상황에 대한 원망 그리고 즐거움과 고통에의 집착, 부유함과 빈곤함, 명예와 잊혀짐, 칭찬과 비난들은 모두 '나'라는 생각에 기반을 둔 것입니다.

보통 자기 자신만 챙기는 것에 몰두하여 타인의 안위는 생각조차 하지 않습니다. 사실 우리는 호랑이가 풀을 먹는 것에 관심이 없듯이 타인에게 무관심합니다. 이는 보살의 세계관과는 완전히 반대되는 내용입니다. 자아는 그저 생각의 조작이고, 당신이 붙잡은 대상과 그 마음이 잡은 것이 공空함을 깨달을 때 타인과 내가 다르지 않음을 쉽게 볼 수 있습니다.

대개 우리는 자신을 돌보는 것에 에너지를 쓰지만 보살은 그 반대입니다. 만약 보살이 불지옥에 들어가서 단 한 중생이라도 도울 수 있다면 그는 아무런 망설임 없이 그렇게 합니다. 팔지八地[66]에 오른 보살은 윤회와 열반이 둘이 아님을 압니다. 이것이 궁극적 견해입니다. 위대한 샤카파의 스승인 제춘 닥빠 갤첸[67]은 문수보살로부터 비전秘傳으로 '네 가지 집착에서 벗어나는 자유'의 가르침을 받습니다. 마지막 게송에 이런 부분이 있습니다, "만약 집착이 있다면 견해는 없다."

샨티데바께서도 "모든 것은 허공과 같다—이것이 내가 깨달아야 할 것이다"라고 하셨습니다. 이는 현교와 밀교의 공통된 궁극의 견해입니다.

처음 우리는 공성에 대한 견해를 이해해야만 합니다. 그리고 체험을 해야 하고 마침내 공성을 깨닫는 단계에 이르게 됩니다. 공성에서 윤회와 열반이 일어나고 다시 공성으로 섭수됩니다. 그들이 존재를 나타내는 동안에도 실은 공성과 결별한 적이 없습니다. 만약 당신이 모든 현상의 본성이 공함을 깨닫게 되면 기쁘거나 슬프거나 어떤 일이 일어나더라도 집착이 생기지 않게 됩니다.

공성의 눈으로 보면 진실과 거짓은 이분법적인 개념으로 오직 타인과의 관계 속에서만 존재한다는 것을 알게 됩니다. 거짓이 있다면 진실도 있을 수 있습니다. 그러나 만약 거짓이 공성이라면 진실도 또한 공성이어야 합니다. 그러므로 공성의 견해로 보면 실체나 조건도 없고 집착도 없습니다.

보살이 이 견해를 굳건히 할 때 그는 열반적정에 대한 집착이 없어지고 존재들의 이익을 위해 어떠한 형태라도 나툴 수 있게 됩니다. 보살의 끊임없는 확신은 무량 겁劫 동안 중생들이 얼마나 타락하였든 그들을 위해 보살행을 합니다. 보살 자신을 위해 해탈을 결코 생각하지 않고 오직 타인의 안위를 고려하는 것이 그들의 목표입니다.

다섯 가지 감정에서 자유로우라

완벽한 견해를 깨닫는 것은 삼사라의 노예가 되도록 잡아두는 다섯 가지 독(오독五毒)인 감정에서 자유롭게 됩니다. 이 다섯 가지 독이 사라질 때 다섯 가지 지혜가 드러납니다.

증오가 일어나면 자비의 빛을 뿌리라

49　증오의 대상을 쫓지 말고, 화난 마음을 보라.
　　화는 일어난 상태에서 자유롭게 되리니,
　　이것이 명료하여 공함이다.
　　이 명료하여 공함은 대원경지大圓鏡智와 다름이 없다.
　　증오의 자기 해탈 속에서 육자진언을 하라.

윤회계는 어떻게 이루어졌을까요? 우리를 둘러싼 모든 것들을 우리의 오감五感으로 인식하고, 좋고 싫은 모든 감정들이 마음에서 일어나며, 이런 감정들로부터 윤회계가 일어납니다. 어떤 것의 단순한 인식 자체가 윤회의 원인이 되는 것이 아니고, 오히려 이러한 인식과 해석에 대한 우리의 반응이 윤회계에 머물게 되는 요인입니다. 이제 진언승의 비범한 특징으로 이렇듯 윤회를 영속하는 대신, 현상의 인식을 지혜의 청정한 나툼으로 개발할 수 있습니다.

누군가를 증오할 때 당신의 증오와 분노는 대상 자체나 그 대상의 어떤 측면에 내재되어져 있는 것이 아닙니다. 당신의 분노는 오직 당신 마음 안에 존재할 뿐입니다. 증오하는 사람을 보자마자 당신은 과거에 그가 나에게 해를 끼친 것, 미래에 나에게 끼칠 나쁜 영향 혹은 현재 나를 해치고 있는 행위 등을 생각하며 그의 이름만 들어도 짜증이 납니다. 이러한 생각에 빠져들면 화가 폭발하여 그에게 돌을 던지거나 무언가를 잡아서 그를 때려준다거나 죽여버리고 싶은 생각마저 하게 됩니다.

분노는 무척 강해 보입니다, 그러나 그 힘은 어디에서 왔길래 그렇게 쉽게 당신을 압도할까요? 외부 어딘가에 있거나, 팔과 다리를 가졌거나, 무기를 지녔을까요? 만약 그렇지 않다면 당신 내부 어딘가에 있을까요? 만약 그렇다면 어디에 있을까요? 두뇌 안이나 심장 속, 뼛속에서 아님 당신 몸 어딘가에서 찾을 수 있을는지요?

분노가 존재하는 장소를 찾는다는 것은 불가능하고, 구체적인 방식으로 존재하는 것 같아 보이지 않습니다. 강한 집착은 당신의 마음을 딱딱한 상태로 얼어붙게 하고 자신과 타인을 고통으로 몰아 넣고 있습니다. 집착은 마치 구름처럼 당신의 무게를 지탱하기엔 너무 약하고 실체가 없지만 그럼에도 하늘 전체를 어둡게 하고 태양을 가립니다, 이와 마찬가지로 생각도 인식의 원초적인 빛을 가릴 수가 있습니다.

공함을 깨달음으로써 마음의 본성은 투명해집니다. 본디 자유로운 곳으로 돌아가십시다. 만약 분노의 본성이 공함을 깨닫는다면 해치는 그 모든 힘은 사라지게 되고, 거울과 같은 지혜(대원경지)가 드러납니다. 그러나 그 공한 본성을 깨닫지 못하고

통제하지 못한다면 불 지옥과 발한 지옥의 고통 못지 않은 요인이 될 것입니다.

사람들은 적을 제압하거나 무너뜨리는 것을 긍정적으로 생각하는데 이는 불교의 가르침이 아니라는 것을 반드시 알아야 합니다. 화가 날 때 화를 따라가지 마시고, 화 자체의 본성을 들여다 보십시오. 마음의 광대한 공함 안에서 단지 공성의 조작일 뿐입니다.

세세생생 동안 자신의 공격성에 의해 스스로 노예가 되어 셀 수 없는 악업을 쌓았습니다. 이제부터 더욱 신중해지시고, 화는 지옥의 고통을 가중시키는 씨앗임을 잊지 마십시오. 화를 근절하면 더 이상 지옥계는 없습니다. 적이라 불리는 이들을 미워하는 대신 증오의 실제 목표는 증오 그 자체여야 합니다.

만약 분노를 따라가지 않는다면, 만약 분노로 다른 사람과 나를 분리해서 보지 않는다면, 만약 당신의 분노가 스스로의 본성에서 해방된다면, 그것은 타인이 자신과 같이 반사되는 거울과 같은 지혜인 대원경지大圓鏡智입니다. 화가 첸레직의 마음에 일어났다면 그의 지혜를 더욱 밝게 만들었을 것입니다. 게다가 분노가 외부 개체에 내재되지 않음을 이해하게 되면 내면의 화난 마음에도 실체가 없음을 알게 됩니다. 그렇게 되면 당신은 자연적으로 모든 존재들 특히, 분노의 불로 괴로워하는 존재들을 향하여 자비의 빛을 방사하게 됩니다.

옛날에 붓다께서 전생 중에 뱀의 형상을 한 보살로 계셨을 때 짓궂은 아이들이 그를 잡아 죽을 때까지 괴롭혔습니다. 그가 원했다면 한눈에 그들을 전멸시킬 수 있었으나, 그의 마음은 분노의 사소한 생각에서 자유로웠기에 그렇게 하지 않았습니다. 대신 그를 죽인 인연을 통해 기도하여, 후에 그 아이들이 붓다의 제자가 되어 해탈에 이릅니다. 이 용기를 주는 예와 인내는 공성과 자비의 완벽한 깨달음의 결과입니다.

분노는 해탈의 불멸의 적입니다. 화를 내는 한 순간 수 겁 동안 쌓아 놓은 공덕이 파괴됩니다. 그러므로 분노를 제거하는 것이 보살의 주된 목표입니다. 그러니 맹렬하게 인욕 바라밀을 유지하시며 육자진언을 하십시오. 이런 말이 있습니다.

"분노보다 더한 잘못은 없다. 인내보다 더 위대한 계율은 없다."

자만 또한 실체가 없다

50 자만을 쫓지 말고 부여잡는 마음을 보아라.
자만은 일어난 상태에서 스스로 자유롭게 되리니,
이것이 본디 공함이다.
이 본디 공함은 평등성지平等性智와 다름이 없다.
자만의 자기 해탈 속에서 육자진언을 하라.

우리가 특정 지식이나 기술 등 칭송 받을 만한 자질을 얻게 되면 그것이 무엇이든 당장 자만심이 생기고 긍정적인 태도가 사라집니다. 자만에 도취되고, 자신의 아름다움·지식·학식과 권력에 현혹되어 모든 관대함과 위대한 스승들의 완벽한 공덕에 대해 완전히 잊어 버립니다. 실상 우리 같은 일반인들은, 윤회계의 망상에서 길을 잃은 채, 가끔 약간의 공덕이 있기도 하겠지만 죄업이 더 많은 것이 확실합니다. 그리고 위대한 존재들의 무량한 공덕과 비교해 볼 때 우리의 것은 밀가루의 분말에 불과합니다. 우리가 자랑스럽게 느끼는 장점은 수시로 변하는 결함이 있습니다.

당신이 지닌 어떤 제한적이고 불안정한 재주에 자랑스러워할 궁극적인 이유가 없습니다. 옛말에 "물은 산 봉우리 정상에 결코 모이지 않는다. 진정한 가치는 자만의 울퉁불퉁한 바위 위에 쌓이지 않는다." 자만은 당신의 헌신·지혜·자비를 개발하는 것을 저지하고, 스승의 가피를 받지 못하게 하며 수행의 발전을 지연시킵니다. 그러므로 자만의 위험을 피하고 스스로를 정직하게 들여다 보는 것이 중요합니다.

자만을 자세히 살펴보면, 당신이 느끼는 자랑스러움에 고유한 실체가 존재하지 않고 부여잡는 마음을 만든다는 것을 발견할 수 있습니다. 언제나 조신하게 행동하고 겸손한 마음을 유지하면 자만은 아침 안개처럼 저절로 사라질 것입니다. 자만으로부터 자유로운 마음을 유지하는 것이 첸레직의 지혜인 평등성지平等性智입니다.

51 욕망을 탐하지 말고, 원하는 마음을 보아라.

　　욕망은 일어난 상태에서 자유롭게 되리니,

　　이것이 가피의 공함이다.

　　이 가피의 공함은 묘관찰지妙觀察智와 다름이 없다.

　　욕망의 자기 해탈 속에서 육자진언을 하라.

　당신의 부모, 아이들, 친구, 부유함과 소유물들에 행복을 기대해 보았자 그리 오래가지 못하고 종국에 죽음으로 인하여 혹은 그 이전에 당신과 결별하게 됩니다. 그것들에 기대한들 아무런 소용이 없습니다.

　당신이 죽는다면 생전에 받았던 추앙이나 부유함, 권력들은 아무 쓸모가 없습니다. 당신은 죽음과 환생의 중간 단계인 중음에서 방황하게 되는데 오직 생전에 행했던 선업과 악업만이 당신과 동행합니다. 엄청난 부와 소유물들을 축적하고 보호하고 끝도 없이 증가시키는 것은 하릴없는 일이 아닐 수 없습니다.

　금이나 다이아몬드는 우리의 눈을 현혹시키는데, 사고 싶은 마음을 빨리 떨쳐버려야 합니다. 이렇듯 고가의 물품이나 아름다운 물건을 사는 것을 자제했더라도 우리의 탐욕은 끝이 없이 생겨납니다. 혹시나 비싼 보석을 잃어버릴까 걱정하여 보석을 금고에 모두 넣고 바깥에 꺼내거나 착용하는 것을 조심스러워합니다. 욕망을 따라 평생을 산 사람은 중음에서 극심한 공포와 두려움을 겪게 됩니다.

무역·농업 등 어떤 일을 하든 남에게서 이익을 취하는 것은 점점 악업만 쌓는 일입니다. 헤아릴 수 없는 생 동안 우리가 가진 것에 결코 만족하지 못하고 언제나 원하는 것을 얻으려 애쓰며 살아왔습니다. 먹을 것과 입을 것 등 가진 것에 만족하는 법을 배우며, 이 모든 것들을 포기하는 게 더 낫지 않을까요?

수행을 하기로 서원했다면 집착에서 벗어나 자유로운 마음으로 육자진언을 하십시오. 그러다 보면 점점 인생의 욕망을 따라감에 대한 환상이 줄어들고 더 이상 인생이 낭비되는 것을 막을 수 있습니다. 욕망과 집착은 그들의 본성에 사그라들고, 이는 첸레직의 묘관찰지妙觀察智와 다름이 없는 경지입니다.

질투를 느낄 때 찬탄하라

52　질투를 따라가지 말고, 비난하는 마음을 보아라.

　　질투는 일어난 상태에서 자유롭게 되리니,

　　이것이 지성知性의 공함이다.

　　이 지성의 공함은 성소작지成所作智와 다름이 없다.

　　질투의 자기 해탈 속에서 육자진언을 하라.

일반인이라면 누군가의 성취가 나와 비슷하거나 뛰어나면 질투를 느낍니다. 다시 한번 말하지만 질투 역시 잡을 만한 실체가 없습니다. 그저 마음의 조작일 뿐이지요. 질투심을 느낄 때마다 당신의 온 마음으로 타인의 높은 성취를 찬탄하십시오.

질투하는 마음을 내버려 두면 과도하게 강해집니다. 고타마의 사촌인 데바닷타의 예가 있습니다. 고타마가 붓다가 되자 데바닷타는 온갖 사악한 수단을 동원해 그와 겨뤄보고자 하였습니다. 그의 이러한 행동은 결국 그의 발 아래 땅이 열려 바로 불지옥에 떨어지게 됩니다. 그곳에서 온갖 고초를 겪으면서 그는 참회의 눈물을 흘리며 이렇게 서원하였습니다.

"내 마음 깊은 곳으로부터 고타마 당신께 귀의하겠나이다."

비록 그는 다음 생에 연각緣覺이 되지만, 그 생에는 붓다께서도 구할 수 없었습니다. 그러니 이는 매우 심각한 결함입니다. 절대 그 영향을 받지 마시기 바랍니다.

타인의 성취를 같이 기뻐하게 되면—예를 들어 어떤 이가 삼보께 많은 공양을 올리는 것—이차 인연 공덕으로 그와 같은 공덕을 지을 수 있습니다. 자신의 성취에 도취되는 대신, 질투의 먹이로 떨어지는 대신, 특히 위대한 존재들 등 타인의 무량한 공덕을 찬탄하십시오. 이는 성소작지成所作智와 다를 바 없습니다.

53 무지에 의해 위조된 생각을 당연시 하지 말고,

무지의 본성 자체를 보라.

생각의 주인들은 일어난 상태에서 자유롭게 되리니,

이것이 알아차림의 공함이다.

이 알아차림의 공함은

법계체성지法界體性智와 다름이 없다.

무지의 자기 해탈 속에서 육자진언을 하라.

여기에서 무지의 의미는 우리의 불성에 관한 무지입니다. 이 점에 있어서 우리는 손에 보석을 들고 있는 거지가 그 가치를 몰라 쉽게 던져버릴 수 있는것과 같습니다. 이는 우리가 생각의 노예이고 옳고 그름을 구분할 수 없는 무지 때문입니다. 무지로 인하여 인과에 어둡고 모든 결과에는 원인이 있음을 거부합니다. 무지로 인하여 과거와 미래 생을 받아들일 수 없습니다. 무지로 인하여 삼보께 기도하면 이로운 결과가 있다는 것에 확신이 없습니다. 무지로 인하여 다르마의 진리를 깨달을 수 없습니다. 무지는 팔만사천 부정적인 감정의 근원이며, 일체의 공함을 보지 못하고 실체가 있다고 주장하며, 모든 망상과 부정적인 생각의 원천입니다.

어쨌든 무지 또한 깊은 지하 동굴의 영원한 어둠과 같이 영원한 것은 아닙니다. 다른 여느 현상들과 마찬가지로 공성에서 비롯된 것이므로 그 실체가 없지요. 당신이 무지의 공한 본성을 깨닫게 되면 법계체성지法界體性智가 됩니다. 이는 첸레직의 지혜의 마음이며, 여러분 모두에게 내재된 여래의 정수인 불성입니다. 오직 이 무지 때문에 붓다께서 증명하셨듯이, 우리의 본성인 불성을 깨닫는 대신 망상을 믿습니다.

공한 본성에 안주함으로써 무지의 혼침과 망상이 궁극의 광활함 그 자체라는 것을 관하십시오. 그 다음엔 그 체험에 머물며 견해·명상·행위의 수행을 하십시오. 이것이 첸레직의 마음의 정수입니다.

다섯 가지 독과 연결된 생각과 감정들이 일어날 때 그들을 따라가는 것을 허락하지 말고 그들의 본성을 보십시오. 이렇게 하다 보면 언젠가 다섯 가지 독은 오염되지 않은 청정한 다섯 가지 지혜가 됩니다. 그 시점에서 당신의 생각들은 떠오르자 마자 사라지게 되고, 결코 알아차림을 놓치지 않게 되는 진제의 첸레직이 됩니다.

진제의 첸레직은 공성과 다를 바가 없습니다, 속제 단계의 첸레직은 존재의 요구를 충족하기 위해 무한한 형태를 취합니다. 수많은 이름과 형태 색깔, 이 모든 화현은 그의 지혜의 나툼이며, 공성과 자비의 창조적 표현입니다. 특히 첸레직은 오온과 오도, 윤회계[68]의 대치법으로 다섯 가지 지혜를 나투십니다. 다음 다섯 게송은 오온이 첸레직의 다섯 가지 측면[69]으로 변화하는 과정에 대해 설명하고 있습니다.

오온五蘊에서 정토를 보다

색色, 조건의 모임

54 색色은 태어난 적이 없고 허공과 같이 근원적으로 비어 있다.
    이 공함을 인식함의 정수는 첸레직이니,
    숭고한 허공의 왕과 다름이 없구나.
    공성의 견해 안에서 육자진언을 하라.

태양광선과 비의 결합으로 하늘의 무지개를 볼 수 있습니다. 마찬가지로 모든 다양한 형태[색色]들은 수많은 조건이 모여 잠시 드러나는 결과입니다. 어떤 것도 면밀하게 살펴보면 실체를 찾을 수 없습니다. 예를 들면, 우리가 사용하는 '몸'이라는 단어는 뼈·살·혈액으로 결합된 끊임없이 변하는 것임을 참조해 볼 때 몸은 진실된 실체를 갖고 있지 않음을 알 수 있습니다.

오온은 고통의 근원인 '나'가 '실질적으로 존재한다'라는 그릇된 개념을 갖게 만드는 요인입니다. 그러나 이 색온色蘊이 공함을 깨달을 때 그것은 첸레직과 다를 바가 없습니다. 허공의 왕은, 첸레직의 이 양상에 주어진 다른 이름으로, 그는 광대하고 변만遍滿한 형태를 취하고 있습니다. 그의 몸의 모든 모공 안에 무한한 정토가 나타나는데 모공이 확대되거나 정토가 줄어들지 않는다고 합니다. 첸레직의 몸은 살과 피로 이루어진 것이 아닌 그의 지혜와 공성의 나툼입니다. 이 깨달음 안에서 육자진언을 하십시오.

55 느낌은 마음과 개체를 묶어주는 올가미,
   마음과 개체가 둘이 아님을 알 때, 첸레직이다.
   이는 숭고하고 너그러운 올가미와 다르지 않으니
   일미一味의 깨달음 안에서 육자진언을 하라.

몸과 마음의 결합은 즐거움과 혐오감, 행복과 고통이 일어나게 만듭니다. 가시에 찔리는 등 몸이 조금만 아파도 싫어하는 이유는 개인이 존재한다는 믿음 때문입니다. 그러므로 당신은 이렇게 생각합니다, '나… 나의 몸… 나의 행복… 나의 고통.' 다른 사람이 당신이 겪었던 똑같은 고통을 당할 때, 괴롭지 않다는 사실은 '나'를 믿는 크기의 증거입니다.

이 수온受蘊은 당신을 삼계에 존재하도록 묶어두는 요인입니다. 느낌은 현상계에서 만나지는 모든 것들의 좋고 싫음에 대한 기본적인 반응입니다. 이는 감각 기관의 작용과 그것에 해당하는 의식을 통하여 나타납니다. 만약 이를 자세히 살펴본다면 어떠한 실체도 없음을 깨닫게 되고, 하나의 지혜로 변함을 느끼며 너그러운 올가미로 알려진 첸레직, 산스크리트어로 아모카샤파와 그 본성이 다를 바가 없다는 것을 깨닫게 됩니다.

아모카샤파(불공견색관음보살不空羂索觀音菩薩)는 보장부에 속하며, 여의보와 같은 뜻입니다. 여의보는 마치 올가미처럼 가장 강력한 신과 인간을 제압하며 모든 존재들을 해탈로 이끕니다. 당신이 감정에 끄달려 심연에 떨어질 때 첸레직께 기도해 보십시오. 마지막 순간 그의 자비의 올가미가 당신을 끌어올리고, 전지한 그분에 대한 신심으로 가득 차게 될 것입니다. 그러므로 확신과 헌신 안에서 육자진언을 하십시오.

상想은 망상이다

56 분별, 만약 그것을 가치 있는 것으로 여긴다면
그것은 망상이다.
모든 존재들을 자비로 대할 수 있을 때, 첸레직이다.
이는 삼사라의 심연에서 들어 올려 주는
숭고한 분과 다르지 않으니
차별 없는 자비 안에서 육자진언을 하라.

당신의 마음은 만나지는 것들을 부주의하게 판단하며 이렇게 생각합니다. '이것은 나를 즐겁게 해 주고, 이것은 나에게 해를 끼칠 거야.'

이 평가는 당신의 마음이 자기 중심적인 방법으로 모든 것을 인식하는 것에서 기인합니다. 당신에게 가져다 줄 행복과 고통의 관점에서 사물을 평가하는 대신 이제부터 모든 존재의 행복과 고통에 초점을 맞추어 보십시오. 이에 차별 없는 방대한 자비가 태어날 것이며, 세 번째 온인 상온을 깨닫게 되며, 이는 삼사라의 심연에서 건져주는 첸레직의 양상입니다.

당신이 깊은 바다에 빠져 바닥에 떨어졌을 때 그곳에 무엇이 있건 표면으로 들어 올려질 것입니다. 이렇듯, 첸레직의 자비불사는 악도라는 깊은 수렁에 빠진 존재들을 선도로 끌어올립니다.

오직 한 존재라도 구하기 위해, 첸레직은 끝까지 힘을 다합니다. 그의 위대한 자비는 줄어듦이 없습니다. 그는 삼사라의 심연에 빠진 존재들을 구하기 위해 삼사라의 심연에서 모두를 건지고 돕기 위해 계속해서 오십니다. 관련된 일화가 있습니다.

옛적에 상인들이 보물섬을 찾아 나섰는데 풍랑을 만나 난파되었습니다. 그들이 도착한 곳은 사람을 잡아 먹는 거인들이 사는 섬이었는데, 거인들은 상인들을 위협하기도 했고 마법을 이용해서 아름다운 공주로 변하기도 했습니다. 공주로 변한 거인들은 상인들을 매료시켰고 신뢰도 얻었습니다. 오래지 않아 거인 공주들은 모든 상인들을 남편으로 맞았고 그 이후로 상인들을 가까이에 두고 집에서 멀리 떨어진 곳으로는 가지 못하게 했습니다.

어느 날, 상인들의 대장이 들키지 않고 평상시보다 멀리 가게 되었습니다. 그는 철로 만든 아주 큰 건물 앞에 섰습니다. 그 건물에서 이런 말이 들렸습니다.

"들어보게. 바깥에 있는 이여! 우리도 배가 난파되어 이 섬에 오게 되어 여기에 갇힌 상인들이라네. 조심하게나! 자네들은 속고 있는 거야. 공주들은 다들 식인 거인들이야. 곧 자네들을 잡아 먹을 걸세."

이에 대장은 거인들의 속임에 빠졌고 곧 감옥에 갇힐 신세라는 것을 알게 되었습니다. 대장은 이렇게 말했습니다.

"우린 끔찍한 덫에 걸렸군요. 빠져나갈 방법은 없을까요?"

목소리는 이렇게 답했습니다.

"여기 있는 우리는 방법이 없지. 그러나 자네들에겐 한 가지 방법이 있다네. 시내 동쪽에 호수가 있는데 그 기슭에 황금 잔디의 숲이라 불리는 숲이 있어. 초승달과 보름달이 뜰 때마다 첸레직이 삼십삼 천상세계로부터 위풍당당한 종마種馬인 발라하 혹은 구름의 형상으로 오셔서 풀을 뜯고, 물을 마시고, 황금 모래 위를 거니신다네. 그는 누구든 이 거인 섬을 떠나 남섬부주로 가길 원하는 사람들을 등에 태워주시지. 내가 거인 공주에게 들었는데, 발라하의 갈기를 잡고 공주들의 거짓된 애원을 듣지 않으면 탈출에 성공할 수 있다고 하네."

대장은 서둘러 돌아와 동료들에게 들은 내용을 이야기했고 모두들 곤경에 처한 신세에 간담이 서늘해졌습니다. 그들은 오직 첸레직만이 희망임을 깨달았고 가슴 깊은 곳에서 기도를 올렸습니다.

말한 대로, 보름달이 뜨자 종마 한 마리가 나타나 황금 잔디의 숲에서 풀을 뜯고 있었습니다. 그가 이륙을 하려는 순간, 그는 상인들을 불러 재빨리 등에 태웠습니다. 거인 공주들이 자신들이 잡아 놓은 인질들이 도망하려 하자 흐느끼며 통곡하기 시작했습니다. 그녀들은 상인들과의 사이에서 낳은 아이들을 데려와 남편들에게 이 불쌍한 아들과 딸들을 돌보아 주길 애원하였습니다. 아이들은 모두 울었고 허기져 보였습니다. 집착을 끊지 못한 몇몇 상인들은 부인들의 애원을 뿌리칠 수 없었기에 도로 내려갔습니다. 나머지 상인들은 눈물 섞인 간청에도 귀 기울이지 않고 첸레직께 위대한 신심으로 기도를 올려 무사히 탈출하여 남섬부주로 돌아갔습니다.

첸레직의 자비는 상온想蘊으로부터 자유로우며 모든 존재들에게 평등하게 내립니다. 그는 지치지도 않고 삼사라의 깊은 바닥까지 훑어 한 중생도 남김없이 끌어 올립니다.

첫 번째 온인 색온色蘊은 개체에 대한 첫 번째 이해입니다. 두 번째 온인 수온受蘊은 개체에 대한 당신의 좋고 싫은 혹은 무관심한지에 대한 느낌을 의미합니다. 세 번째 온인 상온想蘊은 상에 대한 느낌의 강도가 강·중·약으로 나누어 지며, 당신의 마음이 이 상이 실재하거나 유효하다고 집착하게 되며, 이 형상은 결국 두 가지 단계로 나타나게 됩니다. 오온은 이 단계를 통해서 고통이 나타나게 됩니다. 그래도 헌신을 다해서 육자진언을 한다면 상온의 족쇄를 풀 수 있으며 삼사라의 덫을 탈출할 수 있습니다.

행行, 윤회와 열반의 건축가

57 행行, 삼사라의 행위로 육도를 계속 돌게 되나니,
만약 윤회와 열반이 둘이 아님을 깨닫는다면
그것이 바로 첸레직이다.
존재의 매우 자비로운 변환자와 다름이 없으니,
일미一味 안에서 이타행을 하며, 육자진언을 하라.

행行은 욕망과 혐오의 감정을 기반으로 하는 행위를 뜻하며 그 결과로 업이 쌓이게 됩니다. 행은 윤회와 열반의 건축가입니다. 당신은 완전히 행의 노예가 되어 무시이래 한 생에서 다음 생으로 떠돌고 있습니다. 그러나 만약 행의 본성이 공함을 깨닫는다면 당신의 끝이 없는 행들은 지혜의 수많은 측면이요, 더 이상 그들의 지배 대상이 되지 않습니다.

금강승에 따르면, 첸레직은 연꽃 춤의 주主로서 모든 만다라에 편재하십니다. 지칠 줄 모르는 자비의 근원을 보이는 온전히 깨친 붓다이지만, 중생의 필요에 직접적으로 답하기 위하여 보살의 형태를 취하고 계십니다. 보살의 모든 불사는 이기적인 목적이 없고 어떠한 상황에서든 중생들을 이롭게 하기 위함입니다. 고귀한 이 자비의 단계는 수많은 깨달음의 공덕을 불러오는데, 특히 일미一味의 윤회와 열반을 깨닫게 됩니다.

지금, 당신은 상상도 할 수 없는 광대한 특성을 지닌 첸레직의 측량할 수 없는 깨달음과 자비 그리고 타인을 돕는 능력을 발견하게 됩니다. 그러나 만약 첸레직의 진언을 헌신을 가득 담아 일심一心으로 염송한다면 언젠가 첸레직과 같은 광대한 저울로 중생들을 이롭게 할 수 있습니다. 가슴 깊은 곳에서 타인을 돕겠다는 염원을 하고, 첸레직께서 당신의 이 염원을 안다는 것과 그 염원이 이루어지도록 당신에게 축복을 준다는 확신을 가지며, 모든 공덕을 일체중생을 위해 회향하십시오.

식識의 공함을 깨닫는 데 집중하라

58　식識은 평상심의 표현이며, 여덟 가지 기능이 있다.

만약 궁극적인 마음이 법신을 깨닫는다면 이는 첸레직이다.

숭고한 대양의 정복자와 다름이 없으니,

그대의 본성이 붓다임을 알며, 육자진언을 하라.

어떤 나무의 씨앗에 독이 있다면 그 뿌리와 잎사귀들도 반드시 독이 퍼져 있고 어쩌면 치명적일 수도 있습니다. 마찬가지로, 오온五蘊이 있는 한 고통이 뒤따르게 됩니다. 온蘊의 주역은 의식입니다. 즐거움을 즐거움으로 느끼고 고통을 고통으로 느끼며, 온蘊들이 실제 존재한다고 매달리게 되는 것은 의식 때문입니다. 의식은 오염된 마음이며 오염된 생각입니다.

의식은 태어난 적이 없고 그러므로 존재한 적이 없으며 끝이 없다는 것을 깨닫게 되면 이를 부여잡는 것에서 자유롭게 됩니다. 그러나 이 지점에 닿을 때까지, 의식은 끊임없는 망상이 계속되고, 업은 더욱 커져만 갑니다. 그러므로 당신은 혼신을 다하여 의식의 본성이 공함을 깨닫는 데 집중해야 합니다. 이 깨달음이 명징하게 나타나면 어두운 밤이 끝나고 밝은 날의 빛이 떠오르게 됩니다.

청정한 의식의 본성은 대양의 승리자로 알려진 첸레직의 다른 측면입니다. '승리자'는 붓다들을 의미하는데 완벽한 깨달음의 승리를 가진 자라는 뜻이고, 대양은 첸레직 안의 무한한 붓다들의 광대함을 의미합니다. 당신의 이름만 들어도 그들의 번뇌가 정화되고 악도에서 해방되는, 이런 완벽한 성취가 오길 기도하십시오.

변하지 않는 하나됨의 영속체로 자신 안에 첸레직이 거하시는 것을 알며, 육자진언을 하십시오.

신身·구口·의意 그리고 법신과 관련된
네 가지 핵심 내용

몸身은 공함에서 나타난다

59　몸이 존재한다고 견고하게 믿는 것은 예속의 원인이다.

　　몸을 본존으로 깨닫게 된다면 공함이 드러나고,

　　이는 바로 첸레직이다.

　　이는 숭고한 카샤르빠니와 다름이 없으니,

　　본존의 몸은 공함에서 나타난다는 인식 안에서

　　육자진언을 하라.

　몸이 뼈와 살이 결합된 견고한 구조라고 믿는 것이 우리의 일반적인 개념이고 자석처럼 고통으로 끌어 당기는 요인입니다. 그러나 관상 수행과 염송 진언을 수습하여 몸에 대한 고정관념을 부술 수 있고, 당신의 몸이 제한이 없고, 태어나지 않은 지혜의 몸을 지닌 첸레직으로 여기는 수행을 하면 고통을 넘어선 상태를 얻을 수 있습니다.

　첸레직의 몸은 허공처럼 편재遍在하며 살과 뼈로 구성된 것이 아니며 동상처럼 견고하지 않습니다. 마치 무지개처럼 투명하여 공空에서 명징하게 나투며 물질이 없습니다. 나아가 첸레직은 단지 시각적 이미지로만이 아닌 실제로 존재하며, 지혜의 빛과 자비와 힘을 지녔고, 누구라도 기도를 하거나 진언 염송을 하면 화답하여 주십니다.

말口을 진언으로 인식하라

60 말과 소리를 개념화하는 것은 망상의 원인이 되나니,

이를 진언으로 인식한다면

공성에서 울려 퍼짐이며, 첸레직이라.

이는 숭고한 사자후獅子吼와 다름이 없으니,

소리를 진언으로 인식함 안에서 육자진언을 하라.

본존의 몸을 선명하고 안정적으로 관상할 수 있다면 수행의 진전을 위하여 금강의 말에 관하여 설명하겠습니다. 첸레직의 진언 중 제일 첫 음절인 '옴'은 다섯 가지 지혜를 상징합니다. 대부분의 진언들은 길상한 음절인 '옴'으로 시작합니다. '마니'는 보석을, '뻬메'는 연꽃을 의미하고, '훔'은 첸레직의 전지함을 선포하는 음절입니다. 진언의 모든 음절은 '연꽃보석이시여, 당신의 전지함을 부여하옵소서'라는 의미가 있습니다. 마치 먼 곳에 계신 그분을 부르는 것처럼 육자진언 안에 그의 명호를 반복하여 부름으로써 그의 무한한 공덕을 떠올립니다. 그의 화답은, 애씀 없는 자비가 화현하고 당신의 염원을 채워주는 것입니다.

존재들을 가피하기 위하여 첸레직은 그의 진언에 자신과 똑같은 힘을 담았습니다. 이는 태어나지 않은 공空에서의 울려 퍼짐입니다. 쓰여진 만트라는 보는 것으로 해탈되고, 소리의 만트라는 듣는 것으로 해탈되고, 마음에서 일어나는 만트라는 기억함으로 해탈되고, 몸에 입거나 달고 있는 만트라는 접촉에 의해 해탈됩니다. 만약 모든 소리를 만트라로 인식할 수 있다면 바르도의 끔찍한 소리를 들어도 무섭지 않습니다. 이 진언을 통하여 첸레직은 그의 방대하고 헤아릴 수 없는 자비로운 불사를 합니다. 그러므로 열렬한 헌신으로 이 우주의 다양한 소리들을 만트라의 울림으로 들으며 육자진언을 하십시오.

마음意을 쉬면 자유롭다

61   마음의 인식에 매달리는 것은 윤회의 원인인 망상이다.
      만약 마음의 자연스러운 상태에 머문다면
      생각으로부터 자유로워지나니,
      이는 바로 첸레직이다.
      궁극의 마음 속 숭고한 휴식과 다를 바 없으니,
      궁극의 마음인 법신 안에서 육자진언을 하라.

사람들은 "명상하라! 명상하라!"라고 말합니다. 그러나 공성의 견해에 대해 확고한 정립과 올바른 이해가 없다면 무엇이 명상의 포인트입니까? 마음의 공한 성품을 깨닫는 데 실패하는 것이 윤회의 근원입니다. 이 공한 본성에 자비의 성품이 내재되어 있습니다. 마음을 깨달을 때 생각의 영향에서 자유롭고 단순한 현재의 알아차림으로 깨어 있습니다.

고삐가 풀린 생각은 모든 윤회계를 창조합니다. 올바르게 살피지 않으면 드러나는 현상을 부여잡고 결국엔 삼사라가 영속하게 하는 힘을 이어갑니다. 생각이 없다면 미덕 혹은 해악 등 어떠한 유형의 실체가 없습니다. 예외 없이 생각 또한 완벽하게 공합니다. 무지개처럼 찬란하게 하늘에 아름다운 색을 드러내지만 절대로 잡을 수 없고, 옷처럼 입을 수도 없고 아무것도 쓸데가 없습니다.

공한 본성은 어떤 것에 의해서도 변함없이 남아 있습니다. 피상적인 장애로 올바른 견해로부터 가려져 있더라도 말이지요. 실제로 이러한 무명들은 실체가 아니며 제거할 필요가 없습니다. 우리가 그들의 공한 본성을 깨달을 때 그들은 공기 속으로 사라집니다. 무명 망상이 사라질 때 마음은 자유로움과 고요함에 남게 되며, 애씀없이 그 자성自性에 머뭅니다. 이것이 첸레직의 명호의 의미인 궁극의 마음속 숭고한 휴식입니다.

하늘은 구름이 있다고 해서 방해받거나 변하지 않습니다. 또한 무지개가 나타났다고 기뻐하고 사라졌다고 실망하지 않습니다. 첸레직의 금강의 마음인 궁극의 본성인 법신으로부터 변함이 없습니다. 중생을 위하는 불사가 엄청나게 광대하고 광범위할지라도 말입니다. 중생들에게는 수많은 형태로 나투지만, 공성空性을 기반으로 하는 그 마음에는 움직임이 없습니다.

첸레직은 당신의 고유한 마음의 근원적 본성과 하나입니다. 그를 바깥 어딘가에서 찾으려 하지 마십시오. 당신 안의 이 본성을 깨닫기 위해서 조작되지 않은 진정한 헌신으로 가르침을 청하고 받아야 합니다. 그런 다음 숙고하고 완전히 이해한 내용이 당신 안에 녹아들어야 합니다. 그러다 보면 당신은 마침내 궁극의 깨달음에 다다르게 됩니다. 모든 업에 의한 성향과 무명에 의한 감정들은 사그라지고 모든 현상의 공성을 바로 알게 됩니다. 이 시점에서 당신은 휴식의 상태로 긴장을 풀게 되고 삼사라의 고민으로부터 멀어집니다. 마치 노인이 아이들의 장난을 지켜보듯 무상無常하여 실재實在하지 않는 현상을 흔들림 없는 평등의 견해로 보게 됩니다.

만약 본존을 관상할 때 장신구, 빛으로 화하는 것, 그 밖의 모든 세세한 것들에 대해 어려움을 겪는다면 그저 자연스러운 상태에 머물도록 하십시오. 이것이 바로 법신의 마음의 요가수행입니다. 떠오르는 모든 것들이 법신의 한맛一味임을 지켜보며, 육자진언을 하십시오.

법신法身을 만나라

62 존재하는 모든 것들은 법신法身의 원시청정한 영속체이다.

만약 법신을 만난다면 그는 첸레직이니

우주의 숭고한 군주와 다름이 없도다.

편만하는 청정함의 영속함 안에서 육자진언을 하라.

첸레직과 모든 붓다들은 관점에 따라 보신報身 혹은 화신化身으로 볼 수 있는데 모두 법신法身을 토대로 하고 있습니다. 법신은 알음알이의 조작이 없고 이를 넘어선 법계法界 자체를 가리킵니다. 또한 깨달음의 특성인 불성[70]이 모두에게 있음을 포함합니다. 이는 원초지혜로 무시이래로 우리와 함께 했습니다. 이 내재된 지혜는 지止(사마타)와 관觀(위빠사나)을 닦아 깨달을 수 있습니다. 지는 평상시 소란스러운 마음을 진정시키며 관은 광대한 알아차림과 심오한 깨달음이 따라오도록 개발합니다. 지와 관이 합쳐질 때 법신法身을 깨닫습니다.

당신이 보살도를 닦을 때, 계속해서 이 두 가지 명상과 후명상後瞑想을 지속하면 결과적으로 당신은 초지初地에 들며, 또 견도見道에 들게 됩니다. 견도라 불리는 이유는 실제 처음으로 모든 것의 본성이 공하다는 궁극적인 실체를 엿보았기 때문입니다. 이 공성의 체험은 온전한 것이 아니기 때문에 각 단계를 거쳐 최종 단계인 십지十地에 다다를 때까지 계속해서 닦아야만 합니다.

십지에 이르게 되면 비로소 두 가지 무명에 의한 조작은 영원히 사라지고, 근원적인 금강의 지혜가 온전히 드러납니다. 당신이 도道에 들게 되면 더 이상 배울 필요가 없습니다. 불성의 단계에서는 법신의 지혜의 마음과 하나이기 때문입니다. 누구든 이 비이원론의 깨달음의 단계에 이르는 것은 진정으로 모든 삼계三界의 가장 높은 이상을 구현하는 것입니다.

챈레직 자신은 여래이며, 불성의 핵심입니다. 그의 육자진언 염송을 통하여 법신의 모든 공덕이 애씀없이 개발되시길 기원합니다!

두 번째 장의 결론

63 하나의 본존, 챈레직은 모든 붓다들의 화현이다.
하나의 만트라, 육자진언은 모든 만트라의 화현이다.
하나의 가르침, 보리심은
생기차제와 원만차제의 모든 수행의 화현이다.
하나가 모두를 해탈케 함을 알며, 육자진언을 하라.

붓다 샤카무니는 챈레직의 화현입니다. 다르마는 무엇을 하지 말아야 하며 무엇을 해야 할지를 보여주는 것인데, 이는 육자진언에 완벽하게 깃들어 있습니다. 승가, 우리가 도에 들도록 도움을 주시는 보살들도 모두 챈레직의 화현입니다. 그러므로 챈레직은 삼보의 결합입니다. 마치 빗방울들이 모여 저 수지가 되듯, 첸레직의 자비에는 문수보살의 지혜와 바즈라파니金剛手菩薩의 모든 힘이 담겨 있습니다. 이 하나의 본존, 하나의 만트라와 하나의 수행으로 당신은 모든 성취를 이룰 수 있습니다.

세상에는 수많은 본존들이 계십니다. 적정존(자비존)과 분노존, 머리가 하나, 셋 혹은 아주 많은 본존, 팔이 두 개, 네 개, 여섯 개, 혹은 더 많은 본존들이 있는데, 각각 다른 특성을 나타냅니다. 마찬가지로, 다른 진언들의 엄청난 다양성의 모든 유익한 힘이 진언 자체에 포함되어 있기 때문에 하나의 진언 안에 당신의 모든 마음을 담을 수 있습니다. 당신의 몸·말·마음은 본질적으로 첸레직의 깨달은 몸·말·마음과 하나이며, 이것이 수행의 핵심임을 알아야만 합니다.

동시에, 해탈도의 모든 길을 따르는 것의 궁극적인 목표는 보살의 광대한 행을 지속적으로 유지하고 강화하기 위함입니다. 존귀한 까담파의 스승들의 요결에 따르면, 처음 마음의 본성과 진제의 보리심에 대한 가르침을 받고, 이어서 모든 존재들을 위한 자비심을 개발하는 속제의 보리심을 개발합니다.

떠도는 생각들이 일어난 적이 없고, 그러므로 머물거나 사라진다는 사실에 대한 첫 번째 인식이 없이 날뛰는 마음을 조절한다는 것은 어려운 일입니다. 이 인식으로 일어난 생각을 쫓지 않으며, 진제의 보리심이라 불리는 마음의 자연스러운 상태에서 깨지지 않는 단순함에 머뭅니다.

이런 식으로 마음의 본성을 엿보게 되면, 보리심의 두 측면에서 살펴볼 때 진제의 보리심에 관한 당신의 깨달음은 속제의 보리심의 개발을 통해 더욱 심화됩니다. 이는 모든 존재들을 위하여 깨달음을 얻고자 하는 염원과 실제로 그 염원을 담은 수행입니다.

우리가 보아왔듯이, 그저 남을 돕겠다는 원을 세우는 것만으로는 충분하지 않습니다. 첸레직처럼 진실로 모든 존재들의 이익을 위해 보살행을 해야 하며, 이 목표를 성취하기 위해서 첸레직을 관상하고, 진언을 염송하고, 그의 지혜의 본성을 명상해야만 합니다. 이렇게 계속 해나가다 보면, 망상은 점점 줄어들고, 당신 안에서 지혜가 꽃 피며 당신 자신과 타인의 궁극적인 필요를 즉각적으로 채울 수 있게 됩니다.

 # 세간의 일을 뒤로하고 떠나기

당신의 인생이 석양처럼 지고 있으니,
죽음은 저녁의 긴 그림자처럼 가까워진다.

이제, 그대의 남은 삶은
마지막 그림자가 사라지는 것만큼
빠르게 사라질 것이다.

낭비할 시간이 없으니, 육자진언을 하라.

오직 다르마를 행할 뿐

염리심의 기본적인 핵심은 한마음으로 다르마를 수행하기 위
해 모든 세간의 행위들을 뒤로하는 것입니다.

언제까지 물 위에 그림을 그리듯 헛되이 살 것인가?

64 그대가 했던 모든 일들은 무슨 소용이 있었나?
    삼사라의 일로 분주했을 뿐,
    했던 모든 일들이 얼마나 의미 없는지 보아라.
    이제 아무것도 하지 않으려 노력하라.
    세간의 모든 행위들을 뒤로하며, 육자진언을 하라.

오직 붓다만이 무시이래 우리가 얼마나 많이 거듭하여 태어났는지를 아십니다. 그리고 오직 붓다만이 언제부터 윤회계가 시작되었는지 말할 수 있습니다. 『정법념처경正法念處經』에 따르면 벌레였던 몸까지 포함하여 당신이 전생들에서 받았던 몸을 모두 쌓으면 수미산보다 높을 것이라고 하고, 슬픔으로 흘렸던 눈물을 모으면 지구보다도 더 큰 바다를 이룰 것이라고 합니다. 수 많은 생 동안 당신은 해탈에 1인치도 가까이 가지 못한 채 오직 고통의 반복이었습니다. 왜 그럴까요? 이제까지 해가 되는 행위나 헛된 일들을 해 왔기 때문입니다.

중생들의 삶은 언제나 분주합니다. 그중 우리 인간들은 언제나 남과 경쟁하고, 사거나 팔고, 만들고, 부숩니다. 새들은 항상 둥지를 만들고, 알을 부화하고, 둥지에 먹이를 나르기에 바쁩니다. 다른 동물들도 언제나 먹고, 사냥하고, 위험을 경계해야 하고, 새끼들을 돌보아야 합니다.

무언가를 더 할수록, 일을 더 해야만 하고 어려움은 더 커져 갑니다. 그러나 애써 일하고 고생해 보았자 물 위에 그림을 그리듯 남는 것이 없습니다. 당신이 이 의미없는 행위들의 좌절과 무익함들을 깨닫게 될 때 오직 다르마를 수행하는 것만이 진실로 가치 있음이 더욱 확실해 집니다.

말의 끊어짐 속에서 힘이 나온다

65   그대가 했던 모든 말들은 무슨 소용이 있었나?

모두 하릴없는 수다일 뿐.

그로 인해 얼마나 상관없는 산란함이 생겨났는가를 보아라.

이제부터 침묵하는 것이 좋으리니,

말의 끊어짐 안에서 육자진언을 하라.

사람들이 모여 이야기를 나눌 때 대부분은 하찮은 이야기입니다. 그들 대화의 주제는 주로 집착과 혐오에 관한 내용들이며, 이는 독이 든 감정을 키우는 결과를 가져옵니다. 이 모든 요점없는 이야기들은 종이 깃발들이 바람에 휘날리며 펄럭이는 것처럼 많은 생각들을 만들어 냅니다.

"입은 죄의 문이다"라는 말이 있습니다. 불필요한 대화, 거짓말, 상처 주는 말 그리고 험담은 모두 다 끊임없는 산란함과 불안한 마음의 근원입니다. 웅변과 명료한 설득도 시간을 낭비하고 문제를 일으킵니다. 그래서 진언승에서는 한 달 동안 묵언默言하며 진언 수행만 합니다, 이는 세간의 대화와 섞여 일년 내내 하는 진언 수행보다 훨씬 공덕이 크다고 합니다.

앞서 말한 것처럼 다른 말의 방해 없이 올바르게 하면 진언 염송은 그 온전한 힘을 발휘하게 되고 궁극적으로는 말을 넘어선 청정한 견해의 진리로 이끕니다. 왜냐하면 마니 진언은 표현할 수 없는 진리의 자연스러운 공명의 소리이기 때문입니다.

만약 고요한 서원으로 일상의 끝없는 수다를 하지 않고 침묵하며 육자진언을 염송한다면 당신의 수행은 빠른 진전이 있을 것입니다.

분주함에서 벗어나 내면을 들여다 보라

66 무슨 일로 분주한가?
    왔다 갔다 하며 그대를 피곤하게 만들 뿐.
    돌아다니는 일이 그대를 법으로부터
    얼마나 멀어지게 했는지 보라.
    이제부터 정착하고 마음을 휴식하는 것이 좋으리니,
    걱정 없고 편안함 속에 머물며, 육자진언을 하라.

이유없이 여기저기 돌아다니는 것은 당신을 지치게 만듭니다. 우리는 어딘가에서 무슨 일이 생겼는지 보고 싶고 바깥에서 발생하는 모든 일에 참견하는 것에 늘 분주합니다. 그러나 이 시간에 내면을 들여다 보고, 우리의 생각들의 움직임과 해야 할 많은 것들을 하는 것이 좋습니다.

이제까지 당신은 방황해 왔고, 조금씩 다르긴 하지만 고통뿐인 윤회계를 돌며 길을 잃었습니다. 쌓았던 업이 무르익으면 과보의 아픔을 겪으며, 다르마로부터 점점 멀어져만 갑니다. 홀로 조용한 장소에 머물며 명상을 하는 것이 더 낫지 않을는지요? 인간의 삶을 받는다는 것이 얼마나 희귀하고 소중한가가 당신 안에 완전히 스며들 때까지 숭고한 스승과 가르침에

대해 명상하십시오. 만약 아주 짧은 시간 동안만이라도 이렇게
할 수 있다면 매우 큰 축복입니다.

왜 대변으로 변할 뿐인 음식을 갈망하는가?

67   먹은 모든 것은 어디에 쓰는가? 모두 대변으로 변할 뿐,
     만족할 줄 모르는 그대의 식욕을 보아라.
     이제 삼매의 음식으로 그대를 배불려라.
     먹고 마시는 것을 중단하고 육자진언을 하라.

맛이 있는 음식이나 없는 음식이나 어떤 음식을 먹더라도 대
변으로 나옵니다. 그런데 왜 그리도 먹는 것에 집착하시나요?
먹는 음식을 공양을 올린다고 간주하면 우리의 음식에 대한 집
착을 강하게 하는 것보다 공덕이 쌓이게 됩니다.

무엇을 먹건, 음식과 음료가 청정한 감로수라고 관상하며 삼
보께 우선 공양 올리십시오. 그런 다음 당신이 붓다들께 공양
올린 음식이 다시 당신에게 돌아와 가피가 가득한 공양물을 먹
는다고 상상하십시오. 식사를 마칠 때는 당신이 첸레직이 되어
방금 섭취한 음식들이 감로수로 변하여 당신의 손을 따라 흘러
내리고 몸 전체에서 아귀계의 모든 존재들의 배고픔과 목마름
을 덜어준다고 관상하십시오.

이렇게 하면, 일상에서의 취식으로 자량을 쌓을 수 있습니

228

다. 당신의 모든 행위를 다르마에 녹아들게 하기 위해서는 일상생활의 모든 측면이 수행으로 녹아들 수 있어야만 가르침에 대한 이해가 더욱 깊어질 수 있습니다.

왜 호화로운 식사를 갈망하나요? 당신의 갈망을 채우기 위해 노력하는 것은 소금물을 마시는 것과 같습니다. 많이 마실수록 더욱 목이 말라집니다. 사람들이 얼마나 많은 시간, 노력, 돈을 들여 맛있는 음식을 찾아다니는지를 보십시오! 간단한 음식과 삼매[71]의 음료를 마시는 것이 더 낫지 않을까요? 지와 관의 명상은 더욱 깊은 만족감과 모든 장애를 제거해 줄 것입니다. 진정한 영양분의 원천이 무엇인지를 인식하며 육자진언을 하십시오.

생각에 사로잡히지 말라

68 모든 그대의 생각들은 어디에 쓰는가?

더욱 망상을 일으킬 뿐,

모든 세간의 목적들이 몇 개나 이루어지는 지를 보아라.

이제 이생에서의 세간의 일들을 멀리하라.

모든 계획을 놓아두며 육자진언을 하라.

과거와 미래에 대한 생각에 사로잡히지 말고, 명료한 알아차림으로 현재 상태에 머무십시오. 그렇지 않다면 계속되는 망상은 끝이 없습니다. 지혜롭고 성스러운 걀세 톡메는 이렇게 말씀하셨습니다.

"모든 즐거움과 회한은 물 위에 그리는 그림과 같다. 왜 이것을 쫓느냐? 진정으로 생각해 보아야 할 것이 있다면 모아 놓은 모든 것들을 잃게 되고 쌓아 놓은 것들과는 헤어지게 된다는 것을 숙고하는 것이다."

예측 불가능한 미래의 일을 계획한다는 것이 얼마나 소용없는가를 보여주는 '유명한 달의 아버지'라는 일화를 소개합니다.

어느 날 밤, 한 농부가 잠들기 전에 아주 커다란 보릿자루를 묶었습니다. 이제 막 수확한 보리를 침대 위 선반에 잘 올려 놓았지요. 그는 매트리스를 펴 놓고 누워서 손을 베개 삼아 머리를 베고 보릿자루를 올려다 보았습니다.

'나는 저 보리를 좋은 가격에 팔 수 있을 거야. 그 돈으로 이쁘고 착한 여인과 결혼을 할 수 있겠지… 결혼하면 조만간 잘생긴 아들이 생길텐데… 그럼 아이의 이름을 뭐라고 하지?'

때마침 보름달빛이 창문을 비추고 있어 그는 문득 좋은 생각이 떠올랐습니다.

'그래! 그게 좋겠다. 나는 그 아이를 유명한 달이라고 불러야지….'

그런데 그 순간 쥐 한마리가 묶어 놓았던 밧줄을 갉아 먹어 그 무거운 자루가 농부 위로 떨어져 농부와 그의 계획은 그만 끝이 나게 되었습니다.

당신의 마음이 추측에 길을 잃지 않도록 하십시오. 모든 세간의 계획을 놓아버리고 매순간 다르마를 수행하는 이 소중한 기회를 기억하며 당신의 모든 생각이 첸레직을 향하도록 하십시오. 망상의 힘에 무릎 꿇는 것보다는 모든 존재들을 위하여 당신의 마음을 사랑과 자비로 채우십시오. 세간의 목표를 이루기 위해 헛되이 노력하는 것보다 깊은 명상에서 오는 평등함에 머무십시오.

이렇게 수행하다 보면 비록 짧은 한 시간일지라도 모호한 감정의 해독제로 효과가 있고 수행에 진전이 있습니다. 그러므로 마음을 휘저어 놓는 모든 희망, 계획, 기대를 잘라내고 육자진언을 하십시오.

물질은 진정한 이익을 주지 않는다

69 그대가 가진 것은 다 어디에 쓰는가?

재산은 그저 집착일 뿐,

무엇을 가졌든 뒤로하고 곧 떠나야 할 것이니

이제 소유에 대한 집착을 멀리하라.

소유하려는 마음을 놓으며 육자진언을 하라.

소유물과 모든 재물들은 언젠가 해체됩니다. 부富는 끝없는 욕망과 부정적인 모든 행동의 원인입니다.

"당신의 풍족함이 커져 갈수록 고통도 함께 커진다"라는 말이 있습니다. 당신은 모든 인생을 들여 재신財神만큼 소유하려고 소유물과 돈을 모으고 있을지도 모르겠습니다. 그러나 언제 죽음이 들이닥쳐 모든 것을 뒤로하고 떠나야 할지 아무도 모릅니다. 수많은 권력자들과 부유한 왕조들의 운명이 비극·격변·전쟁으로 고초를 겪고 모든 고통을 받는 것을 보십시오.

어떤 이가 귀중한 보석을 장난감처럼 가지고 놀다 휙 던져버리는 것을 본다면 고민되지 않을까요? 하지만 누군가가 다르마를 수행할 소중한 기회를 의미도 없는 세간의 일을 하느라 허비하는 것을 보는 것보다는 덜 스트레스 받을 것 같습니다. 이 인간의 삶을 진정한 목적을 위해 사용하지 않는다면 금으로 된 배에 대변을 채우는 것과 같습니다.

이 소중한 기회를 허비하거나 잘못 사용하지 마십시오. 완전히 불필요한 것들을 채우느라 시간을 낭비하지 마십시오. 이런 것보다는 영적 수행의 자량을 쌓는 편이 훨씬 낫습니다.

잠시라도 진언을 염송하거나 수행하는 것이 '깨달은 이의 마음의 보석처럼' 당신을 풍요롭게 만듭니다. 세간의 부를 축적하는 것은 이번 생과 다음 생에 진정한 이익을 가져다 주지 못한다는 것을 기억하며, 근면과 헌신과 환희심으로 육자진언을 하십시오.

70   잠잤던 모든 시간들이 무슨 소용이더냐?

그저 어리석음에 쓰였을 뿐이다.

그대의 인생이 얼마나 쉽게 게을러지는지를 보아라.

이제 온 마음으로 노력을 할 때이니,

밤낮으로 모든 산란함을 끊으며 육자진언을 하라.

70세가 되면, 70번의 365일 밤을 보내게 된 것이고 어쩌면 20년 이상을 시체처럼 잠을 잤을지도 모릅니다. 일반적인 잠은 수행에 있어 아무런 도움이 되지 못합니다. 잠은 무지의 업을 강하게 하는 성향이 있으며, 과도한 게으름은 다음 생에 악도에 태어나게 될 충분한 원인이 됩니다. 그러므로 수행을 위하여 게으름을 극복하고 한마음으로 모든 노력을 기울여야 합니다.

일반적인 잠을 수행의 방편으로 잘 사용하는 것이 수행의 진전을 위해 중요합니다. 밤에 잠들기 전 그날 있었던 일들을 떠올리고, 부정적인 행위가 있었다면 참회하고 다시는 되풀이하지 않겠다고 결심하십시오. 무언가 긍정적인 행위가 있었다면 모든 존재들의 빠른 해탈을 위해 공덕을 회향하십시오.

그런 다음 '사자 자세'를 취하여 오른쪽으로 눕고 오른손을 오른뺨 아래에 대고 왼팔은 당신의 왼편에 올려둡니다. 이 자

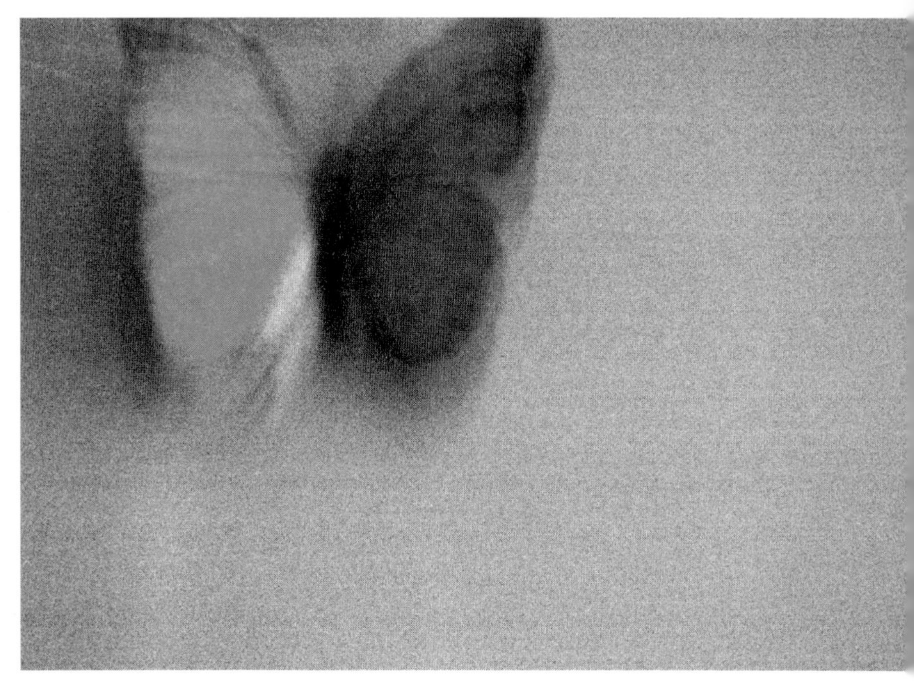

세가 붓다께서 열반에 드실 때 취하셨던 자세입니다. 이제 당신의 엄지 손가락 크기로 첸레직을 관상하십시오. 그는 당신 심장의 중앙에 네 개의 꽃잎으로 된 붉은 색의 연꽃잎 위에 앉아 계십니다. 그의 몸에서 빛줄기가 나와 당신의 몸, 당신의 방 그리고 나아가서 온 우주를 빛으로 채웁니다. 모든 것들이 빛 속으로 녹아듭니다. 잠이 들기까지 이 관상을 유지하십시오.

이런 식으로 잠을 수행으로 하게 되면, 낮 동안의 수행이 밤 시간의 수행으로 계속해서 이어지게 됩니다. 당신이 하는 모든 일상의 행위들이 수행으로 변하게 되면 후명상은 계속해서 명상으로 이어집니다. 각각의 수행이 서로를 향상시킬 수 있고 당신의 수행은 빠르게 진전됩니다. 낮과 밤으로 인내하며, 육자진언을 하십시오.

갑자기 죽음이 들이닥치면 어찌할 것인가?

71 시간이 없다, 시간이! 쉴 시간이 없다!
    갑자기 죽음이 들이닥치면 그대는 어찌할 건가?
    이제 숭고한 다르마를 어서 수행하여야 한다.
    이제 서두르며 육자진언을 하라.

언젠가 죽게 될 것을 당신은 알고 있습니다. 그러나 언제, 어디서, 어떻게 죽을지는 알 길이 없습니다. 어쩌면 오늘 죽게 될는지도 모릅니다. 죽음은 어떠한 권력이나 세상의 군대, 간절한 청원, 눈부신 아름다움이나 뇌물에 아무런 반응이 없습니다. 어떤 것도 죽음을 늦출 수 없고, 오직 한 가지만 쓸모가 있는데 그것이 바로 생전에 했던 수행입니다. 언제나 죽음을 기억하십시오. 위대한 까담파 스승들은 이렇게 말합니다.

"죽음에 대해 숙고하는 것이 우선적으로 마음을 수행으로 돌리는 길이다. 그런 다음 수행에 박차를 가하라. 그러면 그대는 죽음을 법신으로 깨달을 수 있다."

죽음의 순간은 명상을 시작할 시간이 아닙니다. 지금이 기회입니다. 당신의 마음에 걱정이 없고 몸이 아프지 않을 때 수행을 시작하세요. 비록 아무 예고없이 죽음이 급습하더라도 당신은 이미 후회나 두려움없이 준비가 될 것입니다.

이 생이 쏜살같이 지나간다는 것을 절대 잊지 마십시오. 여름날의 번갯불이나 손바닥 안의 바람처럼 말입니다. 당신은 이제 다르마를 수행할 기회를 가졌으니, 1초도 낭비하지 마시며 모든 힘과 노력을 기울여 육자진언을 하십시오.

72 그대는 몇 년 후, 몇 달 후, 며칠 후의 일을 말하지만,
    매순간이 어떻게 변하는가를 보라. 이제!
    매순간이 지나며 그대는 죽음과 점점 가까워지니,
    이제 지금 이 순간 육자진언을 하라.

영원한 것은 아무것도 없습니다. 시시각각 모든 것들이 변하고 있습니다. 봄이 되어 씨를 뿌리면 여름에는 새싹이 잎과 줄기 그리고 꽃으로 성장합니다. 가을에는 곡식이 무르익어 수확하고 겨울이면 내년의 수확을 기약하는 준비를 합니다. 차면 기우는 달과 매일 떴다 지는 태양 등 모든 것들은 끊임없이 변화합니다. 한낮의 장터에는 사람들이 모여 춤추고 노래하지만 해가 지면 아무도 없이 고요해 집니다. 그 사이 각각의 흥청망청하는 사람들은 죽음을 향해 몇 시간 더 가까이 갔습니다.

이렇듯 모든 것들은 언제나 가혹하게도 궁극적인 소멸을 향해 갑니다. 당신의 인생도 버터 램프처럼 조만간 소멸됩니다. 그러므로 우선 당신의 일을 모두 끝내고 은퇴하여 남은 인생 동안 다르마를 수행하겠다는 생각은 어리석은 일입니다. 당신이 그만큼 오래 산다는 보장이 있습니까? 죽음이 노인에게만 찾아오고 젊은이들에게 오지 않는다는 확신이 있나요? 당신이 무엇을 하든간에 늘 죽음을 염두에 두고 마음을 다르마에 두십시오. 이렇게 하며 육자진언을 하십시오.

73   당신의 인생이 석양처럼 지고 있으니,

죽음은 저녁의 긴 그림자처럼 가까워진다.

이제, 그대의 남은 삶은

마지막 그림자가 사라지는 것만큼 빠르게 사라질 것이다.

낭비할 시간이 없으니, 육자진언을 하라.

당신이 태어나는 그 순간부터 죽음을 향해가는 것은 운명입니다. 아무리 유능한 의사라도 죽음을 막을 수 없습니다. 해가 기우는 서쪽 산의 그림자처럼 당신을 향해 가차없이 돌진하는 죽음은 과거의 모든 것들을 어둠 속으로 삼켜 버리지요.

붓다께서는 이런 예를 드셨습니다. 네 명의 힘센 궁수들이 각각 화살을 쏘면 속도의 귀감이라는 사람이 네 방향에서 날아드는 화살들을 한번에 모두 잡았다고 합니다. 엄청나게 신속한 그에게도 죽음이 다가오고 있다고 말씀하셨습니다.

한번은 붓다께서 네 명의 힘센 장정들이 커다란 바위를 옮기려 애쓰는 것을 보셨습니다. 붓다께서 아무런 힘을 들이지 않고 발로 툭 치니 거대한 바위가 공중에 떠올라 자갈로 잘라져 땅에 떨어졌습니다. 장정들은 놀라움을 금치 못하며 어찌해야 그런 기적적인 힘을 가질 수 있느냐고 물었습니다. 이에 붓다께서는 공덕을 쌓으면 이렇게 된다고 답변하셨습니다.

그들은 이어서 당신보다 더 힘센 이가 있느냐고 물었습니다. 붓다께서는 그렇다고 하시며, "나보다 힘센 이가 있다면 그것은 죽음이다. 비록 내가 32상 80종호가 있다 하더라도 죽음 때문에 나는 떠나야 한다"고 하셨습니다. 붓다께서는 언제나 죽음과 무상을 숙고하는 것이 수행을 독려한다고 가르치셨습니다.

74 육자진언이 비록 완벽한 수행이더라도

  잡담을 하고 주위를 기웃거린다면 아무런 결실이 없으며,

  진언의 숫자에 집착한다면

  완전히 핵심을 잃게 되는 것이다.

  산란하지 않은 마음을 지켜보며, 육자진언을 하라.

육자진언은 당신의 모든 부정적인 감정들을 해독시키고 상상할 수 없는 이익을 가져오지만, 제대로 집중하지 않으면 온전한 효과가 나지 않습니다. 만약 언제나 당신 몸의 감각에 신경을 쓰고, 주변을 기웃거리고, 잡담을 한다거나 망상을 피우는 등 마음이 산란하다면 빛나는 금덩이가 먼지처럼 흩어지는 것과 같아 결코 진언의 효과를 느낄 수 없습니다.

염주 알을 맹렬한 속도로 돌린다 하더라도 이렇듯 공허하고 표면적인 수행을 어디에 쓰겠습니까? 진언의 숫자를 엄청나게 많이 하는 것이 핵심이 아니고, 수행의 깊은 이해를 얻고 그것을 성취하는 것이 핵심입니다.

진언 수행의 결실을 얻기 위해서는 우선 흔들리지 않는 바른 자세를 취합니다. 묵언默言하며 진언만 합니다. 마음은 관상에 집중하며 과거의 기억을 따라가지 않고 미래의 계획도 세우지 않습니다.

모든 바쁜 세간의 일과 쓸데없는 일상의 산란함을 뒤로하고 게으름과 부정적인 감정들을 몰아내고 오직 수행만을 했던 제춘 밀라레빠처럼 되기를 희망하십시오. 만약 당신이 이렇게 수행한다면 당신의 마음은 모든 불보살님들의 가피로 충만할 것입니다.

75   그대의 마음을 계속해서 살펴본다면
     무엇을 하든 완벽한 도道가 될 것이다.
     수백 가지 중요한 가르침 중에 이것이 정수이니,
     모든 것들을 한 점에 녹이며 육자진언을 하라.

붓다의 모든 가르침의 핵심은 마음을 길들이는 것입니다. 만약 마음을 조복시킨다면 몸과 말을 통제할 수 있고, 당신과 다른 이들이 고통을 끝낼 수 있는 하나의 길입니다. 그러나 부정적인 감정이 가득하다면 당신이 몸과 말로 짓는 행위가 완벽하더라도 깨달음과는 거리가 먼 길입니다.

마음을 통제하는 것은 계속해서 당신의 모든 생각과 행위의 알아차림을 통하여 성취됩니다. 계속해서 마음을 살펴본다면, 부정적인 감정이 떠오를 때 바로 알아차려서 적절한 해독제로 치료가 가능합니다. 만약 긍정적인 감정이 떠오르면 그 공덕을 회향하고 모든 존재들이 궁극적인 깨달음을 얻기를 발원하십시오. 지관 수행을 통해 계속해서 마음챙김과 정념을 유지하면 마침내 일상생활을 하거나 산란하더라도 지혜의 인식을 지속할 수 있습니다. 정념이 비록 매우 기본적인 내용이라도 모든 삼사라의 갈등을 치유할 수 있습니다.

수행시간과 그 밖의 시간 동안 계속되는 알아차림을 유지하는 것이 수행의 핵심입니다. 이는 모든 영적 수행의 핵심으로, 알아차림이 없는 수많은 진언과 기도, 절과 성지순례를 하여도 당신의 마음이 산란할 것이고, 마음을 산란하게 하는 감정들을 제거할 수 없습니다. 가장 중요한 이 핵심을 늘 기억하며 육자진언을 하십시오.

수행 체험에서 나온
빛의 말씀들

제 1장에서는 이 말법시대의 회한 가득한 연설이며

나 자신에 대한 경책이었다.

이 슬픈 애통함이 내게 깊게 다가오니,

그대들도 나와 같으리라 보며, 그대들에게 바치리라.

이 가르침의 첫 번째 부분은 말법시대 사람들이 자신의 행위와 감정의 동요에 의해 받게 되는 영향과 세간 삶의 덧없음, 그리고 행복을 추구하기 위해서 하는 행위들의 파괴적인 영향을 기술하고 있습니다. 붓다의 초전법륜의 가르침을 따라 이 삼사라가 고통에 물들어 있는 것을 확실하게 인식한다면 당신은 이것에서 자유로워지기 위해 수행의 주춧돌을 마음에 굳게 세우는 결심을 하게 될 것입니다. 빼뚤 린포체께서 삼사라의 방식에 대해서 슬픔과 권태로움을 표현한 것은 이러한 태도의 변화를 일으키기 위해서 하신 것입니다.

견해와 명상의 고결함에 대한 완벽한 확신이 있고,

세간과 수행의 조화를 이루는 지혜가 있고,

문제를 해결하여 만족감을 얻는 재주가 있고,

만약 그대가 이 모든 것을 지녔다면

내가 그대에게 사죄하겠네.

빼뚤 린포체께서는 이 암흑시대의 혼란스럽고 기만적인 사람들의 태도를 규탄하셨지만, 적대감이 아닌 도리어 자신의 결점을 드러내고 정정하셨습니다. 그는 또한 망상에서 깨어나고, 다르마만이 오직 해탈의 길임을 인식하길 바라며 사람들을 독려하길 희망하셨습니다.

이것이 혼란스러운 마음을 다르마로 돌려놓는 첫 장의 숨은 의도입니다. 빼뚤 린포체께서는 이 시대의 스승이라면 이미 부정적인 수단을 초월했어야 하고, 완벽한 확신과 현·밀교의 견해·명상·행위를 이미 성취했어야 하고, 마음은 언제나 타인을 이롭게 하는 숭고한 생각을 지녀야 하며, 세상 일에 물이 안 들어 다르마의 정수가 녹아들어 있어야 한다고 말씀하셨습니다. 이에 린포체께서는 이 무관한 조언을 하는 것이 주제넘다고 미안해 하셨습니다.

제 2장에서는 명상과 견해를 세우는 것을 논하였다.

물론 나는 전혀 깨달음의 경험이 없지만,

아버지에서 아들로 이어지는 전지하고 귀중한 법맥과
그저 내가 이해한 가르침의 숭고함을 기술하였다.

소승·대승·금강승의 모든 가르침의 기본적인 구조는 견해
·명상·행위에 대한 설명입니다. 빼뚤 린포체께서는 이 삼승
의 내면의 경험이 없다고 겸손하게 말씀하셨지만, 사실 그는
철저하게 공부하신 분이고 '아버지와 아들'로 계보를 잇는 대
원만(족첸) 수행 법맥의 롱첸 랍잠과 직메 링빠의 가르침을 완
전히 이해한 분입니다. 그런 다음 그는 완벽한 깨달음을 성취
하여 존재들을 상상할 수 없이 이롭게 하셨습니다. 이 담론에
서 그는 완벽하게 불도佛道의 핵심 요점인 망상을 구분하는 법
과 그것을 제거하는 방법, 그리고 마침내 망상을 지혜로 바꾸
는 방법을 설명하셨습니다.

제 3장에서는 세간의 일들을 접어두고 수행하라고 독려했다.
그대가 핵심을 놓친 것 같기에 스스로 무심코 튀어나왔다.
불보살님들의 말씀에 모순은 없으니,
이를 그대의 수행에 녹아들게 하라.

삼사라의 끝없는 비극을 숙고하노라면 당신은 슬프고 수많
은 고통으로 역겨워질 것입니다. 그리고 이 감정으로 삼사라를
벗어나고자 하는 마음이 강하게 일어납니다. 이 결심은 세간의

일을 뒤로하고 자신과 타인을 위해서 할 수 있는 가장 최선의 길이 수행이라는 결론에 이릅니다.

당신은 이미 이생의 많은 목표를 가지고 있을지도 모릅니다만, 당신 자신을 위하여 수행이 가장 중요하며 급선무라는 결심을 해야 합니다. 만약 수행을 진지하게 받아들인다면, 수행을 미루거나 나중에 할 일이 아니라는 것을 알게 됩니다. 한 시간 뒤에 세상을 떠날 사람이 있을지도 모릅니다. 그 중에 당신이 없을 것이라는 확신이 있으십니까? 어쨌든, 당신이 몇 년을 살든간에 시간을 결코 낭비해서는 안 됩니다.

> 처음·중간·맺음이 고결한 이 담론은
> 승리 봉우리 흰 바위의 싯다 동굴에서 쓰여졌다.
> 오랜 벗의 간청을 거절하기가 더 이상은 어려워
> 오독으로 불타는 남루한 영감
> '아부 할뽀'(빼뚤 린포체를 칭함)가 지었다.

한 제자의 끈질긴 요청에 의해 빼뚤 린포체 오겐 직메 최끼 왕뽀께서 티베트와 중국의 오랜 접경지역이며 닷세도에서 멀지 않은 동티베트 캄 지역의 승리 봉우리 흰 바위의 동굴에서[72] 이 글을 지으셨습니다. 이 아름다운 곳에는 높은 흰 절벽의 자연 동굴이 많았는데, 린포체는 다섯 명의 제자들과 안거를 하며 지냈습니다. 그 곳에서 그는 많은 가르침을 펼쳤는데, 그의 명상의 체험에서 나온 빛의 말씀입니다. 이 책도 그 중 하나입니다.

아부 할뽀는 빼뚤 린포체를 친근하게 부르는 이름입니다. 아부는 동 티베트에서 설법을 높여 부르는 용어입니다. 학문적 의미에서 '아'는 태어나지 않은 공성의 상징이고, '부'는 아들이라는 뜻입니다. 빼뚤 린포체의 모든 존재들을 자신의 자식처럼 여기는 자비의 마음을 나타냅니다. 모두를 향한 이 위대한 연민과 자비로 그는 종종 친절한 아부로 불리기도 했습니다.

빼뚤 린포체는 그에게 주어진 존칭인 '아부'를 스스로 조롱하며, 자신을 '아부 할뽀'라고 불렀습니다. 할뽀는 누더기를 걸친 사람이라는 의미이며, 실제로 대부분의 시간을 누더기만 걸치고 지내셨습니다. 그러나 실상 린포체께서는 망상의 조작을 완벽하게 잘라내셨고, 개체와 주체의 실체를 아시는 분이었다고 합니다. 깨달음을 성취하고 빼뚤 린포체의 제자인 켄포 셍가[73]에 따르면, "그는 완벽하게 오독을 오지혜의 불로 태운 분이다"라고 합니다.

공덕의 회향

내가 실없는 소리를 늘어 놓았구나. 그러나 어찌하리?

나의 주제와 틀리지 않은 위대한 가치의 의미는

공덕을 수반하니,

삼계의 모든 존재들과 그대에게 공덕을 회향하겠노라.

가르침의 영향을 받은 우리들이 원하는
모든 소망들이 전부 이루어지길!

빼뚤 린포체께서는 다듬어지지 않은 이 담론을 쓰신 것이
고장난 기타처럼 단조로운 소리를 내는 것 같다며 미안해 하
셨습니다. 그럼에도 불구하고 그 의미는 붓다의 가르침에 충
실하며, 그릇됨이 없으므로 그가 하는 말씀은 들을 만한 가치
가 있고, 공부할 만한 가치가 있고, 수행에 녹아들 만한 가치
가 있게 만드는 것입니다. 그의 담론의 세 부분을 강론한 공덕
이 쌓였다면 그는 그 공덕을 모든 존재들을 위하여 회향하셨
습니다. 첸레직의 최상의 단계에 도달하고자 보살의 길을 따
르는 것입니다.

이 공덕으로 모든 이들이 불성을
싹틔우게 하소서

불교는 눈의 나라 티베트에 천 년 넘게 흘러 내려오고 있습니다. 3세기 동안 연이어 왕위에 오른 세 분의 위대한 왕인 송첸 감뽀, 티송 데첸, 티 렐빠첸은 각각 수행을 하고 불교에 깊이 헌신하였습니다. 그들은 불교 전파에 필요한 요인들을 설립하였습니다. 이분들이 불교를 발전시킨 3세기 동안 티베트인들은 삼보에 헌신하였고, 불교의 가르침은 그들의 일상생활에 녹아들게 되었습니다.

송첸 감뽀 왕의 마니 카붐에 여러 번 언급되어 있듯이, 붓다께서 숭고한 첸레직에게 티베트 사람들을 보살펴 달라고 친히 부촉하셨고, 나라 전체를 포탈라 산의 낙원으로 축복하셨고, 모든 남자들은 붓다로 여자들은 제춘 돌마(따라 보살)로 가피하셨습니다.

최근 수십 년간 티베트에는 부정적인 요인들과 끔찍한 갈등이 발생하였습니다. 티베트가 침략을 받을 당시 다행히도 자비로운 붓다 덕분에 1959년 첸레직의 화신인 달라이 라마 존자께서 티베트를 탈출하여 인도로 망명하셨습니다. 첸레직의 살아 있는 화신인 달라이 라마 존자께서는 성스러운 가르침을 보존하시며 널리 전파하고 계십니다. 그분의 축복으로 불교의 탄생지인 인도로 돌아온 것은 물론 티베트에 다시 한번 가르침이 흥성하기를 기원합니다.

이 책의 가르침은 만다라의 주主인 첸레직에게 집중되어 있습니다. 그가 자비의 붓다이기 때문이며, 자비는 불교의 심장이기 때문이며, 첸레직은 최상의 수행 본존이기 때문입니다. 그리고 그의 만트라에는 엄청난 가피가 깃들어 있고 존재들의 고통을 덜어주는 특별히 강한 힘이 있습니다. 계속해서 변함없는 신심으로 첸레직 수행을 하면 대승 수행의 진전이 있고 보리심의 보석에 윤을 내는 효과가 있습니다.

포탈라 산의 정토에 머무시는 첸레직의 외부 혹은 속제의 측면에서 보면 그는 모든 붓다들의 자비의 인격화입니다. 그를 내부 혹은 진제의 측면에서 보면 그는 우리 자신의 지혜와 자비입니다. 진제와 속제 이 둘의 공존을 이해하는 것이 견해입니다.

이것을 단순히 이해하는 것만으로는 부족하지요. 만약 이를 적용시키지 않는다면 별로 유용하지 않습니다. 어떤 방법으로든 이 내용을 반드시 적용해야 하고 우리에게 친숙하게 만들어야 합니다. 명상을 할 때와 첸레직을 집중 수련할 때 특히 더 중요합니다.

명상을 통해 당신이 견해를 깨닫게 되면 모든 행위와 말과 생각이 자연스럽게 유익해집니다. 결국 쉴 때, 일할 때, 먹을 때, 잠잘 때나 슬프거나 즐거울 때 등 모든 순간에 당신은 항상 마음에 첸레직을 생각하며 모시게 되는데 이를 행위라 부릅니다.

이러한 가르침을 받은 후, 이제 당신 인생의 조각 천들을 바느질할 때입니다. 그리하여 모든 생각과 말과 행위들에 가르침이 녹아들게 하십시오. 물론 쉽지 않은 일입니다만 당신은 점차 나아지고 장애를 넘어 노력의 결실인 자유를 얻게 될 것입니다.

1959년 이후의 티베트에는 심각한 박해가 있었습니다, 수십만 명의 사람들이 숨어서 수행을 해야만 했지요. 이 시련으로 그들은 더욱 단단한 신심을 갖게 되었습니다. 그러나 여러분들은 수행이나 기도를 박해받지 않습니다. 그러니 육자진언을 하십시오. 가르침을 숙고하고, 최소 몇 분간 만이라도 매일매일 가르침을 자신에게 불어 넣는 명상을 하십시오. 수행은 자신만이 할 수 있는 것이지 누군가 나를 대신해서 해 줄 수 없음을 명심하십시오.

명상 시간 동안이나 일상 생활에서 수행을 할 때, 준비·공양물 그리고 무엇을 했든 끝맺음을 해야 한다는 이 세 가지 중요한 사항을 기억해야 합니다. 준비는 당신이 하는 행위들이 존재들을 이롭게 하길 염원하고, 그들을 행복과 깨달음으로 이끌어 주는 것입니다. 공양물은 삼륜三輪(역자주: 주는 자 받는 자 그리고 공양물 자체)이 공함을 온전히 알아야 함을 의미합니다. 끝맺음은 당신의 수행과 행위로 쌓은 공덕을 모든 존재들을 위해 회향하는 것입니다. 행했던 모든 것들을 회향으로 마무리하십시오. 그 공덕이 당신과 다른 사람들의 불성의 열매를 숙성시킨다는 확신을 가지십시오.

이 시대는 전쟁·기근·질병·재난과 육체적·정신적인 고통에 시달리고 있습니다. 1초 만이라도 다른 사람의 안녕을 기원하는 것은 헤아릴 수 없는 공덕이 됩니다. 그러니 이 가르침을 가슴으로 받아들이시고 수행하시기를 염원합니다. 그것이 제가 여기에서 말한 진정으로 가치 있는 모든 것이라 말할 수 있습니다.

빼뚤 린포체(1808~1887)

방랑자처럼 살다 가신 빼뚤 린포체는 깨달은 선지식으로 19세기 가장 빛나는 영적 스승입니다. 그의 가르침은 오늘날까지도 생생하게 남아 티베트 불교의 모든 수행자들에게 끊임없는 영감의 원천이 되고 있습니다.

빼뚤 린포체는 1808년 유목지역인 캄 북쪽 세첸과 족첸 지역 사이의 자추카에서 태어났습니다. 아이 때부터 영특함과 타고난 친절 그리고 특별한 능력은 곧 드러났습니다. 이 지역에서 살았던 뺄기 삼땐 푼촉의 환생자로 밝혀진 것입니다. 그는 돌 십만 개에 옴마니반메훔 진언을 새겨넣은 벽을 세운 것으로 알려진 분입니다. 또한 훗날 몇몇 위대한 스승들은 그를 샨티데바의 환생과 직메 링빠의 언어의 환생이라고 했습니다. 이 어린 뺄기 뚤꾸(줄여서 빼뚤)는 전대 린포체가 주석했던 사원의 주지로 임명되었습니다.

얼마 지나지 않아 그는 근본 스승인 직메 걜외 뉴구를 만납니다. 이 위대한 성취자는 비할 데 없는 직메 링빠의 제자로 중앙 티베트에서 오랜 기간 지내다가 캄으로 돌아와 외딴 자마룽 언덕의 설선雪線 근처에서 몇 년째 명상을 하며, 칼바람이 부는 산비탈에 위치한 동굴에 살고 있었습니다. 그의 유일한 집은 깊게 파인 땅이었고, 야생 식물과 뿌리를 먹으며 지냈습니다. 시간이 지나면서 그는 뛰어난 은둔 수행자로 멀리까지 알려지기 시작하였고 수백 명의 제자들이 찾아와 근처에 천막을 치고 살았습니다.

인생을 단순하게 살고, 깨달음을 성취하기 전까지는 일어나지 않겠다는 다짐을 한 그는 수행자의 본보기가 되었습니다. 빼뚤 린포체는 직메 뉴구로부터 대단히 중요한 구전 가르침을 많이 받았고 롱첸 닝틱의 예비행 가르침을 25번 이상 받았습니다. 이 모든 것을 그는 공부했고 수행했습니다.

십대의 빼뚤 린포체는 스승들을 만나기 위해 오랜 기간 여행을 했고, 그들의 여행에 동반하기도 하였는데, 그 중에는 주거지가 없는 분들이 많았습니다. 직메 걜외 뉴구 이외에도 빼뚤 린포체는 많은 위대한 스승을 만났는데, 그중에는 돈둡 첸 직메 틴레 외쎌, 직메 응오차, 돌라 직메, 족첸의 걜쎄 셴펜 타예, 위대한 성취자인 도 켄체 예셰 도르제가 있습니다.

도 켄체 예셰 도르제는 릭진 직메 링빠의 마음의 환생입니다. 그는 어릴 적부터 타고난 신통력이 있어 수많은 기적을 보였습니다. 빼뚤 린포체는 그에게 강한 믿음이 일어났고 그가 붓다처럼 느껴졌습니다. 어느 날 도 켄체 린포체께서 자추카에 계실 때, 빼뚤 린포체가 지나가는 것을 보고 반갑게 불렀습니다. "빼뚤기, 이리 와 보거라! 아니면 감히 오지 못하겠느냐?"

빼뚤 린포체가 가까이 가자, 도 퀜체 린포체는 그의 머리를 잡아 땅에 넘어뜨리고 흙먼지가 일어나는 땅 위에 굴렸습니다. 빼뚤 린포체는 그에게 취한 거 같다며 술냄새가 난다고 했습니다. 그는 속으로 이렇게 생각했습니다. '비록 위대한 성취자이지만 취할 수도 있고 저렇듯 이상할 수도 있구나!' 그리고 나서 붓다께서 말씀하신 음주의 해로움에 대한 가르침이 떠올랐습니다.

그 순간, 도 퀜체 린포체께서 갑자기 잡은 손을 풀고 빼뚤 린포체를 놓아주며 뚫어져라 그의 눈을 바라보았습니다.

"파~! 너는 현상에 얽매여 있구나! 이 미친 개야!"하며 빼뚤 린포체의 얼굴에 침을 뱉었습니다. 그리고 손가락으로 매우 한심하다는 몸짓을 했습니다. 그러자 불현듯 빼뚤 린포체는 깨달았습니다. '나는 완전히 망상에 사로잡혀 있었구나. 이것이야말로 심오한 가르침이다. 궁극적 마음의 본성을 바로 알려주는 것이다.'

그는 명상 자세를 취했고 구름 없는 허공과 같이 명료한, 조작되지 않은 알아차림이 자연스레 일어나는 경험을 하였습니다. 일전에 직메 걜외 뉴구께 원초의식에 관해 가르침을 받았을 때는 여명과 같았는데, 이번 도 퀜체 린포체에게서 받은 경험은 밝게 떠오른 일출日出과 같았습니다. 후에 빼뚤 린포체는 이 경험과 관련하여 이렇게 농담을 하곤 했습니다,

"미친 개는 도 켄체 린포체께서 내게 주신 비밀 이름이다."

빼뚤 린포체의 몇몇 저서에는 미친 개로 서명을 한 것들이 있습니다.

그의 전임자의 조카의 죽음으로, 빼뚤 린포체는 남은 인생을 집과 소유물 없이 지내기로 결정했습니다. 순서대로 자신의 사원에 모든 것들을 준비했고 그는 방랑길에 올랐습니다.

빼뚤 린포체는 나무가 우거진 가파른 언덕과 계곡에 둘러싸인 족첸 사원 근처에서 초기 방랑 생활을 보냈고, 이곳에 종종 머물렀습니다. 족첸에서 그는 걜세 셴펜 타예와 4대 족첸 린포체인 성취자 밍귤 남카이 도르제로부터 많은 가르침을 받았습니다. 또한 이곳의 야만타카 명상 동굴에서 그는 유명한『위대한 스승의 가르침(티베트어: 꾼상 라메 셸룽)』을 저술하였습니다.

산들을 떠돌고, 동굴에서 살며 야생의 숲과 은둔처에 묻혀 지내며, 그는 사랑과 자비와 보리심에 관하여 명상을 지속했고, 일체 중생의 자유와 깨달음을 염원했습니다. 영적 수행의 뿌리가 되는 것을 늘 마음에 두었습니다. 모든 이에게 그는 이렇게 말했습니다. "좋은 마음을 가지세요. 친절한 행동을 하세요. 이보다 더 중요한 것은 없습니다." 그의 보리심은 점점 광대해졌고 드디어 대원만(족첸)을 깨닫게 되었습니다.

43세에 빼뚤 린포체는 암도의 위대한 스승인 샵카 촉둑 랑돌을 만나려 길을 나섭니다. 그런데 도중에 그의 열반 소식을 듣게 되어, 골록으로 발길을 돌립니다. 그 곳에서 걜세 셴펜 타예를 자주 만납니다. 그는 그 지역 전체에 가르침을 펼쳐 지역 주민들에게 영감을 주었습니다, 심지어 도둑들은 도둑질을 멈추었고 사냥꾼들은 사냥을 포기할 정도였습니다.

그는 어린 시절 당시대의 위대한 스승들에게 가르침을 받아 공부했고 그의 남다른 기억력으로 대부분의 가르침들을 가슴에 담았습니다. 훗날 그는 불교 철학의 가장 복잡한 부분을 가르칠 때 본문을 일체 보지 않았다고 합니다. 그의 가르침을 받고 나면 사람들의 마음이 완전히 변화되었습니다. 모든 이들이 고요 속에서 법문을 듣고 애쓰지 않아도 선정에 들 수 있었습니다. 그의 말에 따르면 몇 개의 단어만으로도 영적 수행의 새로운 통찰력의 지속되는 문을 열 수 있었다고 합니다. 그는 직접적인 언어로 일깨워 주었고, 사람들은 즉각 내면의 경험을 할 수 있었습니다. 그의 위대한 지식, 가피의 따스함과 깨달음의 깊이로 다른 스승들과는 상당히 다른 가르침을 펼쳤습니다.

그의 외모나 옷차림, 행동방식 등은 그가 빼뚤 린포체라는 것을 전혀 눈치채지 못할 정도였습니다. 그를 우연히 만나는 사람들은 그가 위대한 승려라는 것을 알아차리지 못했습니다. 이것은 다른 승려들도 마찬가지입니다. 어떤 승려들은 빼뚤 린포체에게 빼뚤 린포체의 저서를 가르치기도 했습니다.

또한 린포체는 아무런 소유물이 없었습니다. 완전히 세간의 일들로부터 멀어져 있었기 때문에 어떠한 공양물도 받지 않았습니다. 사람들이 그에게 금이나 은과 같은 값진 물건들을 보

이며 공양 올려도 그는 언제나 어디서나 거절하고 홀로 홀가분
하게 떠났습니다. 어딘가에 머무를 때면 그는 결코 고정된 계
획을 세우지 않고, 어딘가를 떠날 때에도 목적지를 정하지 않
았습니다. 그는 지팡이 하나 들고, 입은 옷 그대로, 차 끓일 주
전자 하나와 『입보리행론』 한 권이 든 작은 천가방 하나 들고
발길 따라 걸었습니다. 그는 숲이든 동굴이든 황량한 벌판이든
시간을 정해 놓지 않고 어디든 멈추고 싶을 때 멈추었습니다.

그와 지냈던 모든 이들은 그가 오직 다르마에 관한 이야기만
했다고 합니다. 그는 가르침과 과거 위대한 성취자들의 일대기
에 대해서만 말할 뿐 세상 일들에 관한 것은 말한 적이 없었다
고 합니다. 그는 말도 잘 하지 않는데다 무척 투박하고 직접적
이어서 아첨을 하고자 하는 이들의 마음은 편하지 않았습니다.
그는 존재만으로도 경외와 존경이 일어나는데 그를 처음 보는
이들은 무서워하기까지 했습니다.

수행에 있어서 그의 도움이 정말 간절하게 필요한 이들만이
그에게 다가갈 수 있었습니다. 그렇지만 끝까지 인내한 이들은
나중에 그와 헤어지는 것을 매우 힘들어 했다고 합니다.

빼뚤 린포체는 근대에 궁극의 진리를 깨달은 가장 뛰어난 스
승으로 기억됩니다. 보리심을 옹호하고 가르침을 전하고 계신
달라이 라마께서도 종종 그의 보리심에 관한 가르침을 칭송하
셨습니다. 딜고 켄체 린포체께서도 빼뚤 린포체를 아티요가,
족첸의 견해·명상·행위의 완벽한 본보기라고 하셨습니다.

그는 불도의 다양한 수준에서 최고의 권위로 간주되는 14세기 성취자인 걜와 롱첸빠의 칠보장과 다른 저서들을 마음으로 알고 있었습니다. 때때로 그는 외부와 차단된 동굴이나 거친 은둔처에서 자신의 책을 저술하였는데, 이 심오한 논서들은 후에 여섯 권으로 정리되었습니다. 이 책이 바로 그의 저서 중 가장 유명한 『위대한 스승의 가르침(티베트어: 꾼상 라메 셸룽)』입니다. 정곡을 찌르는 말들은 직메 걜외 뉴구의 가르침에 따른 닝마파의 기본 수행이자 티베트 불교 모든 종파 수행자들이 존경하는 책이 되었습니다.

그는 종파를 초월하여 모든 종파의 제자들을 편애없이 가르쳤고, 잠괸 꽁툴 로되 타예, 잠양 켄체 왕뽀 그리고 미팜 린포체와 더불어 19세기 초종파운동을 이끌었고, 소멸 직전에 있던 희귀 법맥과 수행과 티베트 불교 전체를 한번에 되살렸습니다. 고독과 사원의 단순함을 좋아한 그는 언제나 세상일의 무용無用을 강조했습니다.

1885년 그의 나이 77세 때 그는 탄생지인 자추카에 돌아왔고, 1887년 열반에 들 때까지 여기서 지냈습니다. 남은 여생에 관하여 그의 시자인 소남 체링은 이렇게 말합니다.

17일, 그는 약간의 음식을 취하고 참회 진언을 하였다. 그리고 몇 번의 절을 한 다음 다섯 가지 요가 동작을 마친 후 가슴 차크라를 푸는 동작을 하였다. 다음날 아침 일찍 그는 약간의 요거트와 차를 마셨다. 햇빛이 나자 그는 옷을 벗고 등을 바르게 세우고 금강좌로 앉은 후 양손을 무릎에 놓았다. 내가 옷을 입혀 드리자 린포체께서는 아무것도 걸치지 말라 하셨다. 그때 그의 곁에는 쿤감, 의사 그리고 나 이렇게 세 명이 있었다. 잠시 후 그는 허공을 똑바로 응시했고, 양손으로 손가락을 튕긴 후 전법륜 수인을 하고 원시청정의 세계, 완벽하게 숭고한 열반에 드셨다.

빼뚤 린포체의 많은 제자들 중에는 3대 둡첸 린포체, 뇨슐 룽톡 텐뻬 니마, 아좀 둑빠, 미팜 린포체, 뗄뛴 소걀, 5대 족첸 린포체, 2대 카톡 시투 린포체, 켄포 쿤상 뺄덴, 켄포 용가 그리고 켄포 셍가 등이 있습니다. 한 세대 혹은 두 세대가 지났건만 오늘날 대부분의 위대한 스승들은 빼뚤 린포체 법맥을 이어 그 가르침을 따르고 있습니다. 딜고 켄체 린포체도 빼뚤 린포체의 직제자인 미팜 린포체로부터 많은 가르침을 받았습니다. 빼뚤 린포체의 가르침·가피 그리고 그 힘은 오늘날까지도 이어지고 있습니다.

딜고 켄체 린포체(1910~1991)

딜고 켄체 린포체는 공부와 수행을 겸비한 20세기 티베트 불교의 가장 위대한 마지막 스승입니다. 그는 고대 닝마파 전통의 주요한 스승으로 22년간 안거 수행을 했고 전수받은 많은 가르침들의 결실을 성취하신 분입니다.

그는 수많은 게송과 명상에 관한 책을 저술하였고, 파드마삼바바의 숨은 가르침인 뗼마(보장)를 찾는 뗼뙨(보장 발견자)이며, 보장들에 주석을 달았습니다. 그는 대원만 수행(족첸)의 핵심 요결 가르침을 이끄는 스승으로뿐 아니라, 그가 찾아냈고, 받았고, 그리고 일생을 통해 가르쳐 온 수백 가지 법맥의 계승자이기도 합니다. 그의 세대에 그는 리메(초종파)운동을 이끌어갔던 대표적인 인물로, 고유의 전통에 따라 각 법맥의 가르침을 전달하는 능력으로 유명합니다. 실제로 그의 가르침을 받지 않은 스승들은 많지 않은데, 그 중에 달라이 라마 존자께서는 그를 주요 스승 중 한 분으로 여기십니다.

학자, 현자, 시인 그리고 스승들의 스승인 딜고 켄체 린포체는 그의 현존감, 단순함, 위엄과 유머 감각으로 누구든 만나는 사람들에게 큰 영감을 주었습니다. 딜고 켄체 린포체는 1910년 동티베트의 덴콕 계곡에서 탄생하였는데, 9세기 티송 데첸 왕의 왕족 집안입니다. 부친은 데게 지역의 관료였습니다. 어머니의 태중에 있을 때 미팜 린포체께서는 아이가 위대한 스승의 환생이라 했으며, 후에 '따시 펠조르'라 이름 지었고, 문수보살 관정과 특별한 가피를 내렸습니다.

어렸을 때부터 그는 종교 생활에 헌신하고픈 마음이 간절했습니다. 그러나 아버지께서는 다른 계획을 가지고 있었지요. 이미 두 아들이 집을 떠나 사원에 들어갔기 때문입니다. 한 명은 환생자로 밝혀졌으니, 다른 아들은 의사가 되길 원했습니다. 그의 부친은 막내아들이 자신을 따라서 가업을 잇길 바랬고, 이미 여러 스승들이 와서 말했음에도 그가 뚤쿠(환생자)나 환생한 스승이길 원치 않았습니다.

딜고 켄체 린포체가 열 살이 되던 해에, 몸에 커다란 화상을 입고 거의 일년 간 병상에 누워 있어야 했습니다. 박식한 승려들이 와서 소년이 오래 살기 위해서는 최소한 영적 수행이라도 할 수 있게 해 주어야 한다고 했습니다. 많은 이들의 간청에 못 이겨 아버지는 드디어 어린 소년의 운명을 받아들이기 위한 소원과 염원을 들어주기로 하였습니다.

열한 살에 딜고 켄체 린포체는 닝마파 여섯 개 주요 사원 중 하나인 동티베트 캄 지역의 세첸 사원에 들어갔습니다. 그 곳에서 근본스승인 미팜 린포체의 법맥 계승자인 세첸 걀삽은 그를 1대 잠괸 꽁툴 린포체와 더불어 티베트 불교의 부활에 앞장 섰던 잠양 켄체 왕뽀(1820~1892)의 마음의 환생으로 확인하고 즉위식을 거행하였습니다.

켄체의 의미는 지혜와 사랑입니다. 켄체의 환생자들은 티베트 불교 발전에 공헌한 주요 환생자들입니다. 티송 데첸왕을 비롯하여 구루 린포체와 함께했던 비말라미트라는 9세기에 밀교를 티베트 땅에 들여왔습니다. 밀라레빠의 제자 감뽀빠는 까규파를 창설했고, 직메 링빠는 18세기 롱첸 닝틱을 발견했습니다.

세첸 사원 뒷편의 은둔처에서 그는 근본스승과 공부와 명상을 하며 많은 시간을 보냈습니다. 그때에 세첸 걀삽께서는 닝마파의 주요한 관정과 가르침을 전수했습니다. 딜고 켄체 린포체는 많은 위대한 스승들과 더불어 공부했는데, 빼뚤 린포체의 주요 제자인 족첸 켄뽀 셍가는 그의 중요한 저서인 열세 개의 위대한 주석의 가르침을 전했습니다. 그는 광대한 가르침과 구전을 50명 이상의 스승들로부터 받았습니다.

세첸 걀삽께서 열반에 드시기 전, 딜고 켄체 린포체는 누구라도 다르마를 요청하면 가르침을 주겠노라고 약속했습니다. 그의 나이 열다섯에서 스물여덟까지 대부분의 시간을 탄생지인 덴콕 계곡 근처의 외딴 은둔처, 동굴, 바위 밑에서 지내며 고요하게 머물며 명상 수행에 전념하였습니다.

딜고 켄체 린포체는 많은 시간을 종사르 켄체 최끼 로되

(1896~1959)와 보냈는데, 그도 또한 1대 켄체 린포체의 환생자입니다. 최끼 로되로부터 보장의 모음인 린첸 뗄조의 많은 관정을 받은 후, 딜고 켄체 린포체는 남은 인생을 홀로 안거하며 지내고 싶다고 했습니다. 그러나 최끼 로되께서는 이렇게 말씀하셨습니다.

"이제 그대는 세상에 나아가 법을 펼치고 그대가 받은 수많은 귀중한 법을 다른 이들에게 전할 때이다."

많은 이들의 이익을 위해 쉬지 않고 일하는 것은 딜고 켄체 법맥의 큰 특징입니다.

티베트를 떠나 딜고 켄체 린포체는 히말라야 전 지역, 인도, 동남아 그리고 서양을 여행하며 수많은 제자들에게 가르침을 전했습니다. 그는 종종 부인인 상윰 라모와 법맥 후계자이자 손자인 랍잠 린포체와 동행했습니다.

어디를 가든, 그는 밤까지 이어지는 끝이 없는 활동이 시작되기 전, 새벽에 기상하여 몇 시간 동안 기도와 명상을 하였습니다. 그는 엄청나게 많은 일들을 완전한 고요와 애씀없이 완수하였습니다. 그는 종종 여러 다른 과제들을 한번에 다루기도 했는데 그의 견해·명상·행위는 전혀 흐트러지지 않았습니다. 그의 가르침과 인생은 도의 서로 다른 모든 단계와 조화를 이루었습니다. 그는 어마어마한 공양들을 올렸고 일생 동안 백만 개의 버터 램프 공양을 올렸습니다. 어디를 가든, 그는 많은 수행자들을 후원했고 도움이 필요한 이들에게 조심스럽게 기부를 하여 극히 소수의 사람들만이 그 사실을 알았습니다.

딜고 켄체 린포체는 성지에 스투파(탑)와 사원들을 지어 질병과 기근을 피하는 것을 돕고, 세계 평화와 미래의 불교의 가치와 수행을 진흥하였습니다. 그는 부탄, 티베트, 인도, 네팔에서 활동한 지칠 줄 모르는 건축가이자 복원가이기도 합니다. 부탄에서 그는 예언에 따라 국가의 안위를 위해 구루 파드마삼바바의 사원들과 스투파를 지어 점차 부탄 국민은 물론이고 왕족들까지 모두 그를 존경하게 되었습니다.

딜고 켄체 린포체는 티베트에 세 번 방문하여 중국의 문화혁명으로 파괴되었던 세첸 사원을 다시 지었으며, 손상된 사원들을 이백 개 이상 복구하였는데 그중에는 특히 삼예, 민돌링, 세첸 사원이 포함되어 있습니다. 그는 인도의 보드가야에 있는 샤카무니께서 깨달음을 얻으신 보리수나무 근처에 새로운 탑을 조성한 후 북인도 일곱 군데 불교 성지에 각각 탑을 지으려 계획했습니다.

그는 세첸 전통의 위대함을 네팔에도 이식하였습니다. 바로 보드나트 스투파 앞에 세첸 사원을 건립한 것입니다. 이는 그의 주석 사원이자 수많은 승려들의 보금자리가 되었고 주지는 랍잠 린포체입니다. 이는 불교 가르침의 순수함이 계속되고, 티베트에서 이미 공부했고 수행했던 어린 승려들이 계속해서 전통을 이어나갈 수 있도록 고려한 딜고 켄체 린포체의 특별한 염원이었습니다.

티베트에서는 불서와 도서관이 파괴되어 많은 저서들이 오직 하나나 둘밖에 없었습니다. 딜고 켄체 린포체는 수년간 티베트에 있는 경이로운 유산인 불교 가르침들을, 잠괸 꽁툴의 오대보장을 포함하여 모두 삼백 권질卷帙을 출판하였습니다. 생이 다할 때까지 그는 받지 못한 가르침을 찾았으며, 받은 것은 사람들에게 전수하였습니다. 일생 동안 셀 수 없이 받은 가르침들 중에 108권의 대장경을 두 번 받았고 63권질의 린첸 뗄조는 다섯 번 받았습니다.

그는 1975년에 서구사회에 첫발을 디딘 이후로, 북미 방문 세 번을 포함하여 많은 방문을 하게 됩니다. 그밖에 여러 나라들에 가서 가르침을 펼쳤는데, 그중에서 프랑스 도르돈뉴의 세첸 텐니 다게링은 딜고 켄체 린포체의 유럽의 주석사원입니다. 그 곳에서 전 세계에서 온 사람들이 딜고 켄체 린포체의 가르침을 받고 특히 3년 무문관 프로그램을 운영하여 그의 지도를 받고 있습니다.

딜고 켄체 린포체는 그 광대한 불사를 통해서 불교 가르침의 보존과 전파를 위해 아낌없이 일생을 바쳤습니다. 그는 사람들이 실제로 가르침을 수행하는 것과 그들의 삶이 보리심과 자비가 꽃피어나게 변하는 것에 가장 큰 만족을 느꼈습니다.

그는 인생의 후반기에도 에너지와 활력이 넘쳤습니다. 그럼에도 보드가야에서 법문할 당시인 1991년 초에 첫 번째 건강이 나빠지는 징후가 나타났습니다. 어쨌든 그는 가르침을 무사히 마쳤고, 다람살라로 갔습니다. 그 곳에선 별탈없이 지내며 한 달 동안 닝마파의 주요한 관정을 내렸고, 달라이 라마께서 몇 년 전부터 청한 구전을 전수했습니다.

네팔로 돌아오니 봄이 되었고 병세는 계속 악화되었습니다. 그와의 만남이 필요한 이들을 위한 몇 시간을 제외하고 많은 시간을 묵언 기도와 명상으로 지냈습니다. 그는 부탄에 있는 파드마삼바바 성지인 탁창의 호랑이 동굴 앞에서 3개월 반 동안 안거를 났습니다.

안거를 마치고, 린포체는 안거를 함께했던 몇몇 제자들을 방문했고 그들에게 궁극적 스승으로 탄생과 죽음을 넘어선, 물리적 화현을 넘어선 말씀을 전하였습니다. 그 후 빠르게 병세가 진행되더니 그는 1991년 9월 27일 밤에 시자에게 본인을 똑바로 앉을 수 있도록 도와달라고 했습니다. 다음날 이른 아침, 그의 호흡은 끊겼고 마음은 궁극의 본성으로 녹아들었습니다.

1 **삼사라** 윤회계라 불리는 곳. 고통이 편재하며 끝도 없이 탄생, 죽음, 재탄생이 연속한다. 이 생은 한 예에 불과하다.

2 **중생**衆生 마음을 가진 존재. 불교에서 인간을 위시하여 생명을 가진 모든 생물을 가리키는 말.

3 **다르마** 다르마에는 여러 의미가 있는데, 여기서는 붓다 샤카무니와 다른 깨달은 존재들의 가르침을 지칭한다. 다르마는 존재들이 무엇을 해야 하고 무엇을 피해야 할지를 보여주며, 그럼으로써 이 삼사라에서 벗어날 수 있게 되고 완벽한 불성에 다다를 수 있게 한다.

4 **정토**淨土 붓다의 지혜의 발현. 삼신三身에 상응하는 여러 다른 기능을 가지고 있는데, 오직 붓다만 볼 수 있는 정토, 보살도 볼 수 있는 정토, 그리고 일반인들도 볼 수 있는 정토도 있다. 만약 정토에 나길 원한다면, 다음 네 가지 사항을 계속해서 마음에 담아 두어야만 한다. 1)정토 자체의 위신력 2)정토에 태어나고자 하는 염원 3)모든 중생들이 완전한 환희 속에 머물기를 발원 4)복덕과 지혜 자량을 쌓는 것.

5 **첸레직** 아발로키테쉬바라, 자비의 부처이신 관세음보살의 티베트어. 본서에서 주요 본존으로 다루었다.

6 **승**乘**의 세 가지 결함** 1)가르침에 주의를 기울이지 않는 것은 엎어진 주전자와 같아 무엇을 붓더라도 담겨지지 않는다. 2)가르침을 잊어버리는 것은 주전자 바닥에 구멍이 난 것과도 같아 무엇을 붓더라도 샌다. 3)부정적인 생각에 마음을 기울여 듣는 것은 주전자에 독이 든 것과 같아 좋은 것을 부어도 오염되고 만다. •여섯 가지 오염: 가르침을 들을 때 자신이 스승만큼 수승하

다고 생각하는 오만, 헌신없이 가르침을 들으며 스승과 그 스승의 가르침에서 오점을 찾는 것, 가르침에 무관심하고, 가르침을 받는 것이나 그 가르침이 중요하지 않다고 생각하는 것. 자신의 주의가 산만하거나 졸음이 오는 시점에 가르침을 철회하는 것, 가르침이 너무 길거나 외부 상황이 열악하다고 생각하는 것, 자신은 가르침을 수행할 능력이 되지 않는다거나 혹은 깨달음을 얻을 수 없다고 생각하며 낙담하는 것 •가르침을 지님에 있어 그릇된 다섯 가지 행위: 의미가 아닌 언어만 기억하는 것, 언어가 아닌 의미만 기억하는 것, 언어와 그 의미를 기억하지만 궁극적인 의도를 깨닫는 것에 실패한 것, 언어와 의미를 기억하지만 그 순서가 혼돈된 것, 그릇된 의미를 기억하는 것.

7 육바라밀 초월적 행동, 초월적 완벽성. 보시布施 · 지계持戒 · 인욕忍辱 · 정진精進 · 선정禪定 · 지혜智慧의 여섯 가지 바라밀六波羅蜜의 행을 통해 우리는 삼사라에서 벗어나 해탈에 이를 수 있다. 이것은 일반적인 보시, 지계 등의 집착 너머의 것이므로 초월이라고 한다.

8 샨티데바 84명의 대성취자 중 한 분. 위대한 논사로 『입보리행론』을 지으셨다. 이 책은 보살의 자비에 대해 설한 가장 근본적이고 핵심적인 대승의 저서이다.

9 삼장三藏 삼장은 세 바구니라는 뜻으로 각각 경장經藏 · 율장律藏 · 논장論藏으로 구성되어 있다. 율장은 붓다께서 가르친 윤리 · 도덕적인 실천규범으로 재가자와 승려들이 지켜야 할 계율을 뜻한다. 경장은 붓다의 가르침을 모아놓은 것이다. 논장은 붓다의 가르침과 그가 제정한 계율을 주석 · 연구 · 정리 · 요약한 문헌을 통틀어 일컬음.

10 샤스트라(논서論書) 아홉 가지의 논서가 있는데, 이 중 첫째, 여섯째, 아홉째만 유효하고 나머지는 그렇지 않다. 1)적합한 주제에 관한 논서 2) 부적합한 주제에 관한 논서 3)의미 없는 주제에 관한 논서 4)저자의 명성을 얻기 위해 쓰여진 논서 5)논쟁을 불러 일으키기 위해 작성한 논서 6)영적 수행에 영감을 주기 위해 쓰여진 논서 7)기만적인 논서 8)자애심에 영감을 받지 않

은 논서 9)윤회계의 낮은 존재 영역에서 벗어나고자 하는 논서.

11 소승小乘 주로 자신만의 윤회에서 벗어나 해탈을 구함.

12 대승大乘 일체 중생을 위해 완벽한 깨달음을 구함.

13 현교승顯敎乘 샤카무니 붓다의 말씀을 담은 현교 경전들을 근거로 한 가르침. 소승과 대승이 이에 해당된다.

14 진언승眞言乘 샤카무니 붓다와 화신化身뿐만 아니라 다른 붓다들, 궁극적 경지의 보신報身과 법신法身의 밀교 경전을 근거로 한 가르침. 진언승은 금강승金剛乘으로 불리기도 한다.

15 사성제[四聖諦] 1)고제苦諦:생이 괴로움임을 이해해야 한다 2)집제集諦:괴로움의 원인을 말하며, 제거해야 할 대상 3)멸제滅諦:괴로움의 소멸이라는 진리 4)도제道諦:열반에 이르는 길.

16 말법시대(퇴보의 시대) 산스크리트어로 칼리유가라고 하며 잔해의 시대 혹은 어둠의 시대라는 뜻이다. 과거 완벽했던 황금시대에서 퇴화하여 남은 흔적의 시대. 특히, 이 시대에는 다섯 가지 퇴보라는 특징이 있는데 수명의 감소, 환경 오염, 존재들의 그릇된 견해, 수명이 줄어듦, 그리고 부정적인 감정(번뇌)의 증가. 자세한 설명은 게송 5번을 참조할 것.

17 찬드라키르티(월칭月稱) 남인도의 브라만 가문에서 태어나, 나가르주나(용수龍樹)의 상수제자가 된다. 뛰어난 학자이면서 최상의 깨달음을 성취하였다. 많은 신통을 보였는데 암소의 그림에서 우유를 짜내어 승단에 공급하거나 돌사자를 무섭게 포효하게 만들어 적의 침입을 격퇴하였다. 그는 나란다 대학의 교수로 재직했으며, 그 곳에서 찬드라고민과 7년간 논쟁을 하였다. 그의 유명한 저서로 『입중론』을 들 수 있다.

18 성문聲聞 성문은 문자 그대로 '듣는 자'라는 뜻이다. 붓다의 가르침을 따르
며 듣고 수행한다.

19 독각獨覺 독각은 문자 그대로 '홀로 붓다가 된다'라는 뜻이다. 그 생에 스승
의 도움 없이 홀로 정진한다. 아라한과 더불어 성문·연각은 '적을 부순자'
라고 하며 감정의 갈등이라는 적을 무찌른 자들이다. 이들은 소승에 해당
된다. 이들의 목표는 자신만의 해탈로 제한된다. 보살이 삼사라로부터 일체
중생을 구하려는 것과는 대조된다. 이 이타적이고 용기 있는 태도로 인하여
보살은 대승 십지十地에 오를 수 있고 완벽한 불성을 깨달을 수 있게 된다.

20 겁劫 우주의 생명주기에 해당하는 시간의 광대한 기간으로 그것의 형성, 유
지기, 파괴 그리고 다가올 중간 기간을 포함한다.

21 삼계三界 욕계欲界·색계色界·무색계無色界의 윤회계 안에 존재하는 주된 육도
또한 이 삼계에 포함되어 있다. 1)욕계:지옥·아귀·축생·인간·아수라·
천상계로 구성되어 있고, 모두 번뇌를 가지고 있다. 2)색계:천상계의 높은
존재나 신들로 구성되어 있고, 전생에 쌓은 공덕이나 명상 수행의 결실로
인해 색계에 존재하게 된다. 3)무색계:천상의 존재들로 구성되어 있으며,
색色을 제외한 수受·상想·행行 식識만으로 구성된 세계를 말한다. 무색계
의 선정禪定에는 4단계가 있다.
이 높은 두 계의 존재들의 수명은 인간보다 월등하게 길며, 욕계에서처럼
번뇌는 없으나 나라는 존재가 있다는 허상을 제거하지 못했으므로 여전히
무지가 편만하다. 비록 거친 감정은 제압했지만, 이런 감정의 성향은 무아
의 통찰력에 의해 아직 뿌리 뽑히지 못했다. 이러한 이유로 인하여 색계와
무색계의 존재들은 다시 악도로 떨어져 고통을 겪게 된다. 오직 공성을 깨
닫고 마음의 본성을 깨달아 부정적인 감정들을 완전히 제거해야만 삼사라
로부터 자유를 얻게 된다.

22 바즈라사나 인도의 '금강좌', 현재 비하르 주의 보드가야를 뜻함.

23 **반열반**般涅槃 붓다께서 중생들에게 무상을 가르치기 위해 돌아가신 것을 뜻한다. 진언승에 따르면, 붓다 혹은 깨달은 스승들의 육신은 해체되었지만, 마음은 어디에든 편만한 법신 속에 흡수되어 가피는 더욱 강하게 된다.

24 **잠양 켄체 왕뽀** 릭진 직메 링빠의 말의 환생이자 근대의 빼뚤 린포체와 함께 그는 당대의 가장 위대한 스승 중 한 명이었다. 그때까지 이어져 내려온 단종 위기의 소수법맥 가르침들의 구전을 받기 위해 14세에 티베트 전역을 다녔다. 또한 그는 과거의 위대한 스승들로부터 비전으로 구전을 받아 단절된 법맥들을 되살렸다. 잠괸 꽁뚤 로되 타예는 이 모든 구전을 모아 그의 저서인 오대 보장에 포함시켰다. 그는 다섯 명의 환생자로 화현하였는데, 그중 잠양 켄체 최끼 로되(1893~1959), 딜고 켄체 린포체가 있다. 모든 존재들을 위하며 쉼없는 가르침의 불사를 펴고 계신다.

25 **오겐 직메 최끼 왕뽀**(1808~1887) 빼뚤 린포체의 이름

26 **샤와리빠** 인도의 위대한 성취자로 사냥꾼으로 모습을 나투었다.

27 **위대한 스승의 가르침**(꾼쌍라매셸룽) 빼뚤 린포체의 유명한 저술로, 활기찬 문체와 다양한 일화들, 그리고 일반적인 수행과 롱첸 닝틱 예비행에 관한 내용을 담았다. 영어로 번역되어 있다. (역자주: 한국어로도 번역되어 있음)

28 **보리심**(보디치타) 보리심은 속제의 보리심과 진제의 보리심이 있는데, 속제의 보리심은 일체 중생을 삼사라에서 벗어나 자유롭게 해 주기 위해 깨닫고자 염원하는 것이고, 진제의 보리심은 모든 개념을 넘어선 공성을 깨닫는 것이다.

29 **십악업**十惡業 첫째, 몸으로 짓는 세 가지 업, 즉 살생殺生·도둑질偸盜·사음邪淫, 둘째, 말로 짓는 네 가지 업, 이간질兩舌·험한 말惡口·겉만 번드레한 실속없는 말綺語·망령된 말妄語, 셋째, 마음으로 짓는 세 가지 업, 욕심貪心·성냄瞋心·어리석음痴心의 열 가지 악업을 말한다.

30 자연도와 만욕우 황금시대의 존재들을 위한 쉼없는 음식물의 원천. 딱딱한 음식이 필요 없고 생산을 위해 고생할 의무가 없는 기간에 존재. 만달라 공양 때 사용되는 사주四洲. 자연도는 자연스레 얻어지는 곡식이며 북구로주北 俱盧洲에 있고, 만욕우는 서우화주西牛貨洲에 있다.

31 별해탈계別解脫戒 재가자를 위한 여덟 단계와 율장律藏에 따른 사원의 계율로 악도에서 벗어나고 깨달음으로 이끌어 준다.

32 쿠샤 풀 붓다께서 깨달음을 증득하셨을 때 이 풀 위에 앉아 계셨다. 그런 이유로 특별한 상징이 되었고 불교의식에 많이 사용된다.

33 다섯 가지 학문 언어, 논리, 예술(공예), 의학, 철학.

34 사마야(samaya 티베트어로는 담칙이라 한다) 진언승의 서약과 계율, 스승과 제자, 그리고 도반들 간의 가장 중요한 유대.

35 구루 린포체 위대한 스승인 파드마삼바바를 뜻한다. 8세기 티송 데첸왕이 불교 가르침을 확립했을 때, 티송 데첸 왕에 의해 그와 비말라미트라가 함께 티베트에 진언승을 들여왔다.

36 오신통五神通 1)신족통神足通: 마음대로 갈 수 있고 변할 수 있는 불가사의하고 자유자재한 능력. 2)천안통天眼通: 모든 것을 막힘없이 꿰뚫어 환히 볼 수 있는 불가사의하고 자유자재한 능력. 3)천이통天耳通: 모든 소리를 마음대로 들을 수 있는 불가사의하고 자유자재한 능력. 4)타심통他心通: 남의 마음 속을 아는 자유자재한 능력. 5)숙명통宿命通: 나와 남의 전생을 아는 자유자재한 능력.

37 연기緣起 무지에서 비롯하여, 현상이 원인과 결과에 상호 의존하여 나타나는 것.

38 세속팔풍 얻고 잃음, 즐거움과 괴로움, 칭찬과 비난, 명예와 잊혀짐. 나가르주나(용수)에 의해 정의되었다.

39 만트라(진언) 마음을 보호한다라는 의미가 있다. 많은 종류의 만트라들이 있는데, 잘 알려지고 주된 만트라로는 다라니와 비밀 만트라가 있고, 방편·지혜와 비이원적인 자성에 상응한다.

40 붓다의 열두 가지 가르침(십이부경十二部經). 티베트어 음역으로 아래와 같다. 1) 도데(do-de, mdo-sde):수다라修多羅로 계경契經·법본法本이라고 번역하는 산문체의 경전. 2) 양녜(yang nye, dbyangs-bsnyad):기야祇夜로 중송重頌·응송應頌 등으로 번역하는 산문체의 경문 뒤에 그 내용을 운문韻文으로 노래한 경전. 3) 룽뗀(lungten, lung-bstan):수기授記로서 경의 말뜻을 문답 형식으로 해석하고, 또 제자들의 다음 세상에서 날 곳을 예언한 것. 4) 칙째(tsikche, tshigs-bcad):가타伽陀로 풍송諷頌·고기송孤起頌이라 번역하는 4언, 5언, 7언의 운문으로 구성된 것. 5) 체두 죄빠(chetu jopa, ched-du bjod-pa):우타나優陀那·무문자설無問自說이라 번역하는 것으로, 『아미타경阿彌陀經』 등과 같이 남이 묻지 않는데도 붓다께서 스스로 설법한 것. 6)랭시(lengshi, gleng-gzhi):니타나尼陀那로 연기緣起·인연因緣이라 번역하는데, 경 중에서 붓다를 만나 법法을 들은 인연 등을 설한 것. 7) 똑죄(tokjö, rtogs-bjod):아파타나阿波陀那로 비유譬喩라고 번역하며, 경전 중에서 비유로써 은밀한 교리를 명백하게 풀이한 부분. 8) 데따부 중와(detabu jungwa, de lta-bu byung-ba) 이제왈다가伊帝曰多伽:본사本事라 번역하는 것으로, 붓다와 제자들의 지난 세상에서의 인연을 말한 부분. 9) 께랍(kyerab, skye-rabs)사타가(闍陀伽):본생(本生)이라 번역하는 것으로, 붓다 자신의 지난 생에서의 보살행(菩薩行)을 말한 부분. 10) 신뚜 계빠(shintu gyepa, shin-tu rgyas-pa) 비불략(毘佛略):방광方廣이라 번역하는, 광대한 진리를 말한 부분. 11) 메중(mejung, rmad-byung) 아부타달마阿浮陀達摩:희유법希有法이라 번역하며, 붓다가 보인 여러 가지 신통력神通力을 말한 부분. 12) 뗀라 빱빠(tenla pabpa, gtan-la dpab-pa) 우바제사優波提舍:논의論議라 번역하는, 교법敎法의 이치를 논하고 문답한 경문 등으로 되어 있다.

41 **불설대승장엄보왕경**佛說大乘莊嚴寶王經 첸레직 경전. 티베트에 처음 도착한 불교 경전 중 하나. 최걜 왕조 시대 28대 라 토토리 넨첸 왕 시절 궁전 지붕에 기적적으로 나타났다고 함.

42 **사신**四身 화신化身 · 보신報身 · 법신法身 · 자성신自性身(위의 삼신을 합친 것)

43 **다섯 가지 지혜** 다섯 가지 독(오독五毒)이 다섯 가지 지혜(오지혜五智慧)로 어떻게 변하는지 게송 50~54에 나와 있다.

44 **야마, 야마자라** 죽음의 신, 원인과 결과의 법칙의 의인화. 존재들이 지었던 행에 따라 어떤 존재가 될지 결정된다.

45 **오무간업**五無間業(오역죄五逆罪) 1) 아버지를 죽임. 2) 어머니를 죽임. 3) 아라한을 죽임. 4) 승가의 화합을 깨뜨림. 5) 부처의 몸에 피를 나게 함. 이 다섯 가지 죄업은 즉각적인 결과를 받아 임종시 중음상태 즉 바르도를 거치지 않고 바로 지옥으로 간다.

46 **정법념처경**正法念處經 6세기 중엽 인도 출신의 학승 구담반야유지가 번역하였다. 총 70권 7품으로 구성된 이 경은 사람이 죽어서 다시 태어난다는 지옥, 아귀, 축생, 아수라, 천상의 정경과 그곳에 태어날 인연과 그렇게 되는 이치를 인과의 교리를 통해 설법하고 있다. 경전의 제목 자체처럼 신 · 구 · 의 삼문으로 지어야 할 행위들을 적합하지 않은 것과 적합한 것을 구분하였다.

47 **상제보살**常啼菩薩 상제보살의 산스크리트 명은 사다프라루디타이다. 항상 눈물이 흘러 마를 날이 없이 운다는 뜻이다. 살타파륜薩陀波侖은 그 음역이다.

48 **네 가지 장애** 몸, 말, 마음 그리고 이 세 가지 모두의 미세한 오염.
49 **만다라** 대체로 본존 권속 그리고 환경을 관상하고 상징적 의미의 기본 구조는 광범위한 기하학적 원형으로 이루어져 있다. 티베트어의 사전적 의

미는 '중앙과 주변'이다. 외형적으로는 만다라의 중앙에 본존이 있고 권속들이 주위를 감싼 모습이고 내면적으로는 모든 현상을 포함한 변하지 않는 본성을 뜻한다.

50 오온五蘊 집합, 구성 요소라는 의미로서 개인 존재를 구성하는 5개의 집합인 색色·수受·상想·행行·식識을 말한다. •색色:마음에 처음 떠오른 개체 •수受:의식 속에 어떤 인상을 받아들이는 것, 좋고 싫음·중립의 감정을 포함한 작용. •상想:의식 속에 상(象)을 구성하고 마음속에 어떤 것을 떠올려 관념을 형성하는 것 •행行:좋은 것은 붙잡고 싫은 것은 거부한다. 그리하여 업이 생성된다. •식識:위의 네 가지 온蘊과 고통을 경험하는 인식.

51 시방十方 나침반의 주된 네 방향과 네 중간 방향, 천정과 바닥.

52 까르마 착메 라가 아샤(1613~1678) 닝마파와 까규파의 위대한 성인이자 뗄뗀. 그의 안거 수행 저서는 현재까지도 남아 많은 수행자들에게 영감을 주는 원천으로 사용되고 있다.

53 세간과 출세간의 성취 세간의 성취(싯디)는 장수, 건강, 번영 등을 갖추고 신통을 행하게 된다. 출세간의 성취란 내재된 불성을 완전히 깨우친 최상의 깨달음을 의미한다.

54 마음, 마음은 존재하지 않는다. 마음은 명징함의 표현일 뿐이다 이 내용은 붓다께서 세 번째 법륜을 굴렸을 때 간략하게 요약된 반야바라밀경을 인용한 것이다. •마음:주로 망상을 뜻한다. 초전법륜에서 붓다께서 사성제를 설하셨다. 사성제는 고苦·집集·멸滅·도道의 네 가지 진리를 뜻한다. 고는 고통을, 집은 부정적인 감정의 자아로 인한 고통의 원인, 도는 불도를 닦는 것, 멸은 고통의 사라짐. •마음은 존재하지 않는다:이는 마음의 공한 성품을 나타낸다. 이전법륜을 굴리실 때 붓다께서 마음을 포함한 모든 현상에 내재된 공성을 설하셨다. •마음은 명징함의 표현일 뿐이다:이는 마음의 인식을 나타낸다. 삼전법륜을 굴리실 때 붓다께서 공성은 텅 비어 있는 것이

아닌 불성의 지혜의 특성이 편재하다고 가르치셨다. 초전법륜에서는 속제의 인과관계 혹은 연기에 관하여, 이전법륜에서는 진제와 속제의 측면에 관하여, 삼전법륜에서는 불성의 지혜 품성에 관하여 설하셨다.

55 **십자재**十自在 열 가지의 초자연적인 힘을 말함. 십자재는 명자재命自在, 심자재心自在, 재자재財自在, 업자재業自在, 생자재生自在, 승해자재勝解自在, 법자재法自在, 원자재願自在, 신통자재神通自在, 지자재智自在 등이다. 십자재를 십력과 혼동해서는 안 된다.

56 **무한한 하늘의 보장을 터득하는 것** 존재들의 필요에 의해 하늘로부터 개체를 현실화할 수 있는 능력으로 십자재 중 재자재에 해당된다. 요소에 대한 이러한 터득은 위대한 요기의 깨달음이 동반된다.

57 인도의 마가다에 끔찍한 기근이 12년간 계속되었다. 사라하는 나가르주나(용수보살)께 나란다 대학 승려들의 생필품 등 필요한 것을 요청했다. 나가르주나는 금을 만드는 방법을 배우기로 결심했다. 그는 전단향 나뭇잎 두 개를 가져와 적절한 진언으로, 그가 원하는 곳에 즉시 이동할 수 있는 힘을 부여했다. 나뭇잎 하나는 손에 들고 다른 하나는 신발 바닥에 숨기고 바다를 건너 유명한 연금술사가 살고 있는 섬에 도착했다. 연금술사는 나가르주나가 비밀스런 기술로 건너왔음을 눈치채고 그의 비밀을 전수해 주길 원하며 이렇게 말했다.
"우리는 기술이나 재산을 반드시 교환해야 합니다." 나가르주나는 기술을 교환하자고 답변하며 손에 든 나뭇잎을 그에게 주었다. 연금술사는 이제 나가르주나가 이 섬을 빠져나가지 못한다고 생각하며 그에게 연금술을 가르쳐 주었다. 그러나 나가르주나는 연금술사의 비밀을 배운 뒤에 곧바로 신발에 숨겨 놓았던 나뭇잎을 이용하여 인도로 돌아왔다. 나란다로 돌아와 커다란 철을 금으로 만들어 승가에서 필요한 모든 것들을 지원했다.

58 **똘마** 밀가루, 점토, 또는 귀금속으로 만든 입체적 형태의 상징물. 자료에 의하면, 이것을 공양물로, 본존 만다라로, 장애를 제거하는 무기로, 혹은 가

피를 받을 수 있는 힘 있는 물체로 볼 수 있다.

59 스투파(티베트어: 최땐, 탑과 같은 조형물) 붓다의 마음 혹은 법신을, 붓다 신체의
비율에 따라 기하학 구조로 조성된 상징. 내부에 성인들의 사리들, 만다라,
쓰여진 만트라와 기도문과 차차가 들어 있다.

60 마하무드라의 네 가지 요가 일념一念의 요가, 무념無念의 요가, 일미一味의 요
가, 무상無上의 요가. 이 네 가지 요가는 닥뽀 따시 남걀의 마하무드라의 마
지막 장에 자세하게 기술되어 있다.(The Quintessence of Mind and Meditation, 샴발라
출판사, 1986)

61 지止(사마타)와 관觀(비파사나) 때때로 광대한 관점 혹은 넓게 봄으로 번역되기
도 한다.

62 오도五道 자량도와 가행도는 오직 궁극의 본성에 관한 개념만 가지고 있다.
초지初地에 들어야만 견도에 입학하게 되며, 궁극의 본성인 현상의 공성을
보게 된다. 견도가 깊어지면 수도에 들어 십일지에 도달하게 되며, 무학도
에 입학하면 완전히 깨닫게 되어 붓다의 경지에 도달한다.

63 원초상속 무시이래로 항상하는 법성.

64 마음 마음은 존재하지 않는다. 그저 명료함의 표현일 뿐 (54번 참조)

65 공양의식(티베트어: 쵹tsog, 산스크리트어: 가나차크라ganachakra) 거의 모든 진언승 기도
법본에서 핵심적이고 정기적으로 행하는 의식. 그룹으로 혹은 홀로 할 수
있다. 만다라의 본존, 음식과 음료 공양을 관상할 때 청정한 삼마야가 정화
되었다고 관상한 후 만다라의 본존과 스승의 화현에게 공양을 올린다. 참석
자들은 깨어진 계율을 정화하고 청정한 환경에서 축하하도록 한다.

66 팔지八地 십지十地 중 팔지. 보살이 수도修道에 들어가는 시점과 상응.

67 제춘 닥빠 갤첸(1147~1216) 제춘 쿵가 닝뽀의 아들로, 샤카파의 주된 조사祖師이다.

68 오계五界 본서에서는 일반적으로 윤회계를 육도로 나누고 있으나, 천상과 아수라를 하나로 묶어 오계로 나누었다.

69 첸레직의 다섯 가지 측면 하늘의 왕, 삼사라의 심연에서 건져주는 자비로운 올가미, 존재들을 위해 위대한 자비로 변함, 그리고 바다의 정복자로 청정한 색·수·상·행·식온을 지니신 분.

70 깨달음의 공덕들 완전히 깨달은 붓다들의 헤아릴 수 없는 능력과 특정한 공덕들에 대해『현관장엄론現觀莊嚴論』에 미륵과 아상가는 21가지 범주로 분류했다. 1)37보리분법 2)사무량심 3)팔해탈 4)구차제정 5)열 가지 편만한 인식 6)팔승처 7)불염정 8)기도를 통한 신통 9)오신통 10)사무애 11)무애해 12)사력 13)십자재 14)사무애 15)세 가지 거짓이 없음 16)삼념주 17)불망지 18)습기를 완전히 멸함 19)대자비심 20)18가지 탁월한 공덕 21)일체지 그리고『구경일승보성론究竟一乘寶性論』에 64가지 주요 결과에 아래의 네 가지가 포함되어 있다.
십력, 사무애, 18가지 탁월한 공덕, 32상

71 삼매三昧 집중된 명상상태로 사전적 의미는 심오하고 궁극의 상태에 머무는 것이다. 지와 관 수행이 포함된다.

72 따카르 체걀 승리 봉우리 흰 바위의 동굴은 민약과 타오 계곡 사이에 위치하고 있다. 근처의 갸팍 괸 사원은 위대한 성취자인 갸팍 킬리 쿤상에 의해 건립되었다. 닷세도는 오늘날 중국의 쿤밍으로 알려져 있다.

73 켄포 셍게 1871~1927.

첸레직은 관세음보살의 티베트어입니다. 용어의 친숙함을 위하여 첸레직으로 표기하였습니다. 어떤 인연인지 벌써 두 번이나 딜고 켄체 린포체의 책을 번역하게 되었습니다.

가끔씩 생각합니다. 불교를 수행한다고 말로 하면서 화를 잘 내고, 욕심이 더 많아지고, 점점 더 이기적으로 된다면…. 가끔씩 자신에게 브레이크를 걸고 생각해 보아야 할 살림입니다. 내가 하는 말과 행동은 마음에서 나오고, 바로 나의 성적표임을 우리 모두 생각해 보아야겠습니다. 이 책에는 불교의 기본이 되는 현교를 바탕으로, 밀교의 수행인 관상 수행, 그 중에서도 첸레직(관세음보살)을 본존으로 한 행법이 자세히 소개되어 있습니다. 자신을 정화하고 나아가 세상을 맑게 하는 이 책이 저를 포함하여 여러분께 도움이 되었으면 하는 바람입니다.

부족한 저의 번역을 보시고 혹여 오역이나 오타를 알려 주시면 즉시 반영토록 하겠습니다. 오역의 책임은 모두 저에게 있습니다.

이 책을 번역한 공덕을 모든 분들께 올립니다.

샤르와 망갈람!

秀수 蓮연 합장

秀수 蓮연(까르마 닝제 쏭모)

대한항공 재직시 돌연 프랑스 파리로 떠나 Spéos에서 사진을 전공하였다. 그곳에서 티베트 불교와 인연을 맺은 후 인도에서 금강승 불교에 귀의하여, 귀국 후 금강승 불교 스승들의 가르침을 한글로 알리는 행복한 활동을 하는 중이다. 그림, 사진, 디자인 작업도 계속 진행하고 있다. 번역서로는 〈까르마빠 900주년(Karmapa 900 Years)〉〈세상의 끝에서 만난 스님의 말씀, 민족사〉〈법왕 사꺄티진 전기문, 세첸 코리아 비매품〉〈Devotion and Stability(사마타 수행), Khachodling 출판〉〈촛불 기원문, Khachodling 출판〉〈Pointing Out the Nature of Mind-출판 준비중〉〈아티샤의 보리도등론과 주석 – 출판 준비중〉 등이 있다.

마지막 그림자가 사라지기 전에

초판 1쇄 인쇄   2015년 5월 9일
초판 1쇄 발행   2015년 5월 15일

지은이   빼뚤 린포체 · 딜고 켄체 린포체
옮긴이   고수연

펴낸이   윤재승
펴낸곳   민족사
주간   사기순
디자인   남미영
기획편집팀 사기순 최윤영
영업관리팀 이승순 공진희

출판등록 1980년 5월 9일 제1-149호
주소   서울 종로구 삼봉로 81 두산위브파빌리온 1131호
전화   02.732.2403, 2404
팩스   02.739.7565
웹페이지 www.minjoksa.org, www.facebook.com/minjoksa
이메일   minjoksabook@naver.com

ISBN 978-89-98742-49-2   03220